버킷리스트 10

이 책을 소중한

_____ 님에게 선물합니다.

_____ 드림

· 운명을 바꾸는 종이 위의 기적 ·

버킷리스트 10

기획 · 김태광

김태광 송용섭 전민경 조안 양
어혜란 정수진 김현아 포민정 임원화

시너지북

운명을 바꾸는 힘,
버킷리스트를 가져라!

세상 사람들은 성공한 사람과 평범한 사람, 두 부류로 나뉜다. 시작은 별반 차이가 없었을 것이다. 그렇다면 무엇이 이들을 나뉘게 했을까? 성공하는 사람과 평범한 사람의 차이는 '버킷리스트'에 있다고 할 수 있다. 인생의 방향과 목적을 정하게 해 주는 것이 바로 버킷리스트이기 때문이다.

가슴을 뛰게 하는 버킷리스트가 없는 사람들이 대부분이다. 그들은 하루하루 직장생활을 하면서 기계처럼 살아간다. 마치 남의 회사에서 부당한 지시를 받아 가며 일해 주기 위해 태어난 것이 아닐까, 하는 생각이 들 정도다. 인생은 강물과 같다. 쉼 없이 흐른다. 버킷리스트가 없다면 아무런 목적도 없이 흐르다 중국에는 후회만 가득한 인생을 살게 된다.

버킷리스트 없이 산다는 것은 그저 남들처럼 평범하게 살기로 결정하는 것과 같다. 우리의 인생은 더없이 소중하다. 그 어떤 것보다도 가치 있고 귀하다. 결코 목적 없이 허비하듯 살아선 안 된다.

이 책에는 명확한 인생의 버킷리스트를 가지고 있는 저자 9명의 스토리가 담겨 있다. 나는 이 책에 저자로 참여한 이들의 미래가 눈부시게 달라지리라 확신한다. 자신이 왜 이 지구별에 태어났고, 어떤 인생을 살아야 하는지 제대로 알고 있기 때문이다. 이들과 함께 공저를 쓸 수 있어 정말 기쁘고 행복하다. 이들 모두 어둠을 환히 밝히는 메신저가 되기를 바란다.

2017년 1월

김태광

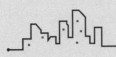

CONTENTS

버 킷 리 스 트 10

〈한책협〉에서
작가 1만 명 배출하기

· 김태광 ·

김태광

〈한책협〉 대표이사, 대한민국 대표 책 쓰기 비법 스타 강사, 초·중·고등학교 16권의 교과서 글 수록, 제1회 대한민국 기록문화대상, 대한민국 신창조인대상, 도전한국인대상 수상

저술과 강연을 통해 수백 명을 작가와 강연가, 코치, 컨설턴트로 만들었으며, 지금까지 200여 권의 책을 집필했다. 2011년 제1회 '대한민국기록문화대상' 최고기록부문 '책과 잡지분야'를 수상했고, 2012년 '대한민국 신창조인 대상', 2013년 '도전한국인 대상'을 수상했다. 현재 네이버 카페 〈한국 책쓰기 성공학 코칭협회〉를 운영하고 있다.

E-mail vision_bada@naver.com

〈한책협〉에서 작가
1만 명 배출하기

요즘 갈수록 자신의 이야기를 책으로 쓰는 사람들이 늘고 있다. 대학생, 주부, 직장인, 자영업자 등 직업과 연령도 다양하다. 자신의 이름으로 책을 쓰는 이들이 늘어나는 데는 그만한 이유가 있다. 아무리 독서를 해 봤자 결실도 없고 그저 독자일 뿐이지만 저서를 한 권 쓰게 되면 단숨에 '선생님', '코치님', '작가님'과 같은 칭호가 따라붙기 때문이다. 무엇보다 책 쓰기는 결과가 있는 자기계발이기에 사람들이 열광하는 것이다.

그동안 나는 네이버 카페 〈한국 책쓰기 성공학 코칭협회(이하 한책협)〉에서 진행하는 〈책 쓰기 과정〉을 통해 수백 명의 작가들을 배출했다. 이들은 작가를 넘어 코치, 강연가, 컨설턴트, 1인 창업가로 활동하고 있다. 그동안 직장생활을 하며 적은 월급으로 생활했다면 지금은 자신의 지식과 경험, 노하우를 사람들에게 전수해 주고 그 대가를 돈으로 받고 있다. 월 수천만 원을 버는 이들도 있고, 수억 원의 수입을 올리는 이들도 있다.

그 가운데 몇 사람을 꼽는다면 임원화 작가, 이나금 작가, 신성호 작가, 신상희 작가, 임동권 작가, 이선영 작가 등이 있다. 임원화 코치는 《한 권으로 끝내는 책쓰기 특강》, 《하루 10분 독서의 힘》, 《스물아홉, 직장 밖으로 행군하다》 등의 책을 펴내고 〈한책협〉의 책 쓰기 코치뿐만 아니라 전국을 무대로 독서 코치, 책 쓰기 코치로 활동하고 있다. 허지영 작가는 《나는 블로그 쇼핑몰로월 1,000만 원 번다》를 펴낸 뒤 블로그 쇼핑몰 창업 코치, 컨설턴트로 활발하게 활동하고 있으며, 이나금 작가는 《나는 쇼핑보다 부동산 투자가 좋다》를 펴내고 강남에 '직장인을 위한 부동산 투자연구소'를 개설해 평범한 사람들을 부자로 만드는 데 도움을 주고 있다. 신성호 작가는 《하루 한 끼 생식》을 펴내고 사람들에게 전문가로 인정받고 있으며, 신상희 작가는 《고객이 스스로 사게 하라》라는 책을 펴낸 뒤 '한국세일즈디자인코칭협회'를 운영하고 있다. 임동권 작가는 《10년 안에 꼬마빌딩 한 채 갖기》, 《신축경매로 꼬마빌딩 한 채 갖기》를 펴내고 코치, 컨설턴트, 강연가로 활동하고 있으며, 이선영 작가는 《1인 창업이 답이다》, 《병원 매출 10배 올리는 절대 법칙》을 펴낸 뒤 1인 기업가로 활동하고 있다. 이외에도 많은 사람들이 직장생활만 할 때는 꿈도 꾸지 못했던 일들을 하며 하루하루를 즐겁게 보내고 있다.

당신도 가슴 뛰는 일을 하면서 경제적으로 윤택한 삶을 살고 싶다면 자신의 경험을 돈으로 바꾸는 1인 창업가가 되라고 말하고 싶다. 그러기 위해선 가장 먼저 내 이름으로 된 저서를 펴내야 한다. 저서는 나를 알리는 홍보맨이기 때문이다. 책 없이는 결코 세상이 나를 알아주지 않는다.

한 권의 책을 펴내면 위치가 바뀌고 신분이 상승한다. 책을 읽는 위치에서 책을 쓰는 위치로, 저자가 인세를 받는 데 도움을 주는 위치에서 출판사로부터 인세를 받는 위치로 이동하게 된다. 독자로서 사인받는 위치에서 독자에게 사인해 주는 위치로, 강연을 듣는 위치에서 강연을 하는 위치로 이동하게 되고, 사진을 찍는 위치에서 사진을 찍히는 위치로 신분 이동하게 된다.

자신의 이름으로 된 책을 쓰면 상상할 수 없는 일들이 일어난다. 그 놀라운 일들을 일일이 열거할 수 없어 안타까울 뿐이다. 나에게 책 쓰기 코칭을 받아 책을 낸 사람들은 책을 내기 전보다 자존감이 높아졌고 꿈이 생겼으며 어떤 미래를 살아가야 할지 명확해졌다. 이들이 과거에 비해 더 나은 삶을 살아가는 것은 어쩌면 당연한 이치다. 나는 1만 명의 저자를 배출하기 위해 5년 전에 〈한책협〉을 설립했다. 현재 이곳에서 많은 이들이 자신의 스토리를 책으로 펴내고 있으며 곧 1,000명을 돌파한다.

내가 목숨 걸고 1만 명의 저자를 배출하는 운동을 하는 데는 다음의 다섯 가지 이유가 있다. 물론 책을 써야 하는 이유는 수없이 많지만 이 다섯 가지만으로도 충분하다.

① 책은 최고의 소개서다. 내 이름으로 된 책은 언론 인터뷰에 비할 바가 못 된다. 파급력이 더 크기 때문이다.

② 사회적 영향력이 크다. 나의 스토리가 담긴 책을 출간하게 되면 세상이 나를 알아주게 된다. 자연스레 사람들에게 나라는 존재감을 드러낼 수 있다.

③ 전문가의 자격증이다. 책을 펴내는 순간 자신의 분야에서 권위자, 전문가, 코치로 인정받게 된다.

④ 미래가 달라진다. 과거, 현재, 미래가 연결되어 가슴 뛰는 꿈이 생겨나 자신이 바라는 미래를 창조하기 시작한다. 매일을 충실하게 살게 된다.

⑤ 사회에 공헌하는 일이다. 사람들은 어려운 사람들을 물질적으로 도와줄 때 좋은 일을 한다고 생각한다. 물론 틀린 말은 아니다. 하지만 물질에만 국한하게 되면 극소수만 세상에 공헌할 수

밖에 없다. 자신의 지식과 경험, 노하우를 담아 책을 펴내는 것도 사회적인 공헌에 속한다. 책에는 자신의 지식과 경험, 인생의 깨달음, 노하우가 고스란히 담기게 된다. 독자는 저자에게서 현재 자신이 겪고 있는 시행착오에 대한 조언을 구할 수 있다.

나는 이 글을 읽는 여러분도 꼭 책을 써 보라고 권하고 싶다. 아니, 강요하고 싶다. 책을 쓰기 전과 책을 쓴 뒤의 인생을 비교해 보면 확연하게 다르기 때문이다. 내가 그랬고, 그동안 나에게 책 쓰기 코칭을 받아 책을 펴낸 이들 모두 그랬다. 독서만으로도 자기계발은 되지만 아웃풋이 되지 않는 것이 단점이다. 아무리 많은 책을 구매해서 읽어도 실질적인 결과물로 보여 줄 수 있는 것이 거의 없다. 하지만 한 권의 책을 펴낸다면 앞서 말했다시피 자존감이 높아지고 꿈이 생겨나고 부모와 형제, 친구들, 동료들로부터 인정과 존경을 받게 된다.

단기간에 자신에게 맞는 주제를 정하고 출판사들이 선호하는 제목과 목차를 만들어 원고를 써내고 싶다면 네이버 카페 〈한책협〉에 가입해서 책 쓰기 관련 노하우를 참고하면 된다. 그러면 많은 사람들이 그랬듯이 단 몇 개월 만에 원고를 써내고 출판사와 출판계약을 하는 기적을 맞이할 것이다. 그렇게 하여 '국민 1만 명을 저자로 배출하기 프로젝트'에 함께해 주길 바란다.

버 킷 리 스 트 10

Chapter 1

경제적 자유를 설파하는
메신저 되기

· 송용섭 ·

송용섭

의사, 작가, 부동산 투자자, 동기부여가, 공부 멘토

서울대학교 의예과에 수석으로 입학하고 엘리트 코스를 밟아 온 영상의학과 전문의다. 타인의 기대에 맞춰 살아온 인생에 회의를 느끼고 '스타벅스로부터 월세 받으며 책 쓰는 의사'라는 새로운 꿈을 향해 도약하고 있다. 의학박사 과정에 진학하지 않고 부동산 투자자 겸 작가가 되기까지의 과정에서 얻은 깨달음을 담은 개인저서 출간을 앞두고 있다.

E-mail gigasong@naver.com
Blog http://blog.naver.com/gigasong
Instagram https://www.instagram.com/bookstarbucks/

30대에 스타벅스로부터
월세 받기

 나는 나름 평범한 집안에서 태어나 자랐다. 공립 초등학교와 중학교에서 교사로 재직하신 아버지 덕분에 크게 부유하진 않았지만 가난하다는 생각은 한 번도 한 적이 없다. 나는 늘 아버지가 자랑스러웠다. 아버지께서 직접 보여 주신 '직업적 안정성'이야말로 내가 직업을 선택하는 데 있어 가장 중요한 조건이 되었다. 안정된 직장만 있다면 내 인생에 진정한 자유가 찾아올 것이라 믿어 의심치 않았다. 나는 간절히 바라는 것을 얻기 위해 열심히 공부했다. 마침내 누구나 부러워할 만한 서울대학교 의대에 수석으로 합격했다.

 인턴 생활을 무사히 마친 뒤에는 경쟁률이 치열한 영상의학과에 당당히 합격했다. 4년의 전공의 시절, 나는 주중에는 병원 일을 하고 주말에는 논문을 썼다. 전공의 기간 내에 석사 졸업까지 마친 나는 그야말로 모범 전공의였다. 의국 교수들은 물론, 나도 당연히 의대 교수가 되는 커리어를 밟을 것이라 믿어 의심치 않았다.

나는 전공의 4년 차가 거의 끝나 갈 무렵에 결혼했다. 신혼집은 성북동의 24평 아파트 반전세였다. 보증금은 전세의 절반 정도였지만 그것조차 내 평생의 저금과 아버지의 도움이 있어서 겨우 마련할 수 있었다. 아버지의 월급을 뻔히 아는 나로서는 죄송하고 감사한 마음뿐이었다. 내가 걸어온 인생에 대한 의문은 이렇게 결혼생활에서부터 시작되었다.

나는 전공의를 마치면 군의관이나 공중보건의사로 3년을 복무해야 했다. 복무가 끝나면 전임의 과정을 시작하면서 2년간의 박사과정도 밟을 예정이었다. 그러려면 2,500만 원의 학비가 필요했다. 2년 동안 매달 월급의 3분의 1을 고스란히 바쳐야 하는 금액이었다. 이런 고민을 하는 2년 동안 아파트의 매매가는 내가 7년 동안 저축한 금액보다 더 올라 버렸다. 망가진 현관 자물쇠도 고쳐 주지 않던 집주인은 아무것도 하지 않고 수천만 원을 벌었다. 나는 치솟는 아파트 매매가를 보며 뭐라도 해야겠다는 경각심이 들기 시작했다.

하지만 공중보건의사로서 할 수 있는 것은 얼마 없었다. 기껏해야 주식투자를 조금 하는 정도였다. 그러나 주식을 공부하려고 구입한 책값도 못 건지고 손해만 봤다. 그러던 중 지인으로부터 부동산 투자 책 몇 권을 추천받았다. 책에서 만난 부동산 투자의 세계는 충격적이었다. 부동산 투자는 스펙이 좋지 않은 사람도, 크게 모아 둔 종잣돈이 없는 사람도 큰돈을 벌 수 있는 부의 추월차선이었다. 내가 공보의 2년 동안 미래에 '대비'한답시고 영어회화 공부에 매달려 있던 사이, 많은 사람들이 부동산을 통해 미래를 '완성'했다.

지인의 추천도서 중 아라인베스토리 이나금 대표의 저서 《나는 쇼핑보다 부동산 투자가 좋다》는 나는 물론 아내에게도 인생의 터닝 포인트가 되었다. 월세방에서 살던 가난한 아줌마에서 부동산 중개인 시절을 거쳐 부동산 투자로 성공한 그녀의 인생 스토리는 나에게 큰 감동을 주었다. 나는 이나금 대표가 운영하는 '직장인을 위한 부동산투자연구소(이하 직부연)'에서 무엇을 가르치는지 궁금해서 견딜 수 없었다.

그래서 '직부연' 카페에 가입하고 이나금 대표를 만나기 위해 1:1 미팅을 신청했다. 태어나서 처음으로 진짜 자수성가한 부자를 대면한 순간이었다. 1:1 미팅 후 나는 조금도 고민하지 않고 실전투자반 7기에 등록했다. 6주간 수업의 등록비는 500만 원으로 적지 않은 금액이었다. 하지만 부동산 투자 노하우를 배워 평생 활용할 수 있다면 결코 비싼 금액이 아니라고 생각했다. 게다가 최고의 부동산 멘토와 인간적인 관계를 맺을 수 있으며, 부동산 투자에 관심을 가진 사람들과 교류할 수 있는 장을 얻게 되리라 생각했다.

직부연에서 처음 내준 과제는 소망을 구체적으로 담은 닉네임을 정하는 것이었다. 그 당시에는 몰랐지만 이것도 일종의 퍼스널 브랜딩이었다. 나는 성공한 부동산 투자자를 상징하면서도 유일하고 잘 기억되는 닉네임을 짓고 싶었다. 건물주라면 누구나 계약하고 싶어 하는 카페 브랜드의 대표주자 스타벅스가 떠올랐다. 나는 스타벅스로부터 월세를 받고 싶어졌다. 하지만 그것만으로는 부족했다.

자기계발의 대가 나폴레온 힐은 그의 저서 《놓치고 싶지 않은 나의 꿈 나의 인생》에서 '소망 달성을 위한 여섯 가지 원칙'을 제시했다. 그중 세 번째가 바로 '달성하는 정확한 날짜를 정한다'다. 나는 마흔 살이 되기 전에 목표를 달성하기로 정했다. 그래서 탄생한 나의 '직부연' 카페 닉네임은 '스벅월세받는30대'다. 카페 프로필 사진, 퍼스나콘은 물론, 과제로 제작한 드림보드, 매일 재생하는 드림무비에도 전부 스타벅스와 관련된 사진으로 도배했다. 부동산 투자 경험은 없지만 열망만은 누구에게도 지지 않겠다고 다짐했다.

나는 믿는 종교도 없고 기적도 믿지 않는다. 내가 유일하게 믿는 것은 준비된 자신뿐이다. 나와 아내는 이나금 대표와의 1:1 미팅 이후 수많은 부동산 투자 책을 함께 읽으며 부자들의 사고방식을 익혔다. 그리고 투자 종잣돈을 마련하기 위해 모든 적금 통장을 해지했다. 200만 원이 넘는 위약금도 감수하고 10년 납 15년 만기 비과세 보험 상품을 해지했다. 5년이 넘도록 누적된 이자도 모두 포기했다.

기회는 준비된 자에게 찾아온다고 했던가. 실전투자반 1주 차 수업이 끝나자마자 토지 분양 추첨에 도전할 기회가 생겼다. 대부분의 토지 분양에서는 한 사람당 한 필지에만 청약할 수 있다. 하지만 이번에는 자금이 허락하는 한 여러 필지에 청약할 수 있었다. 당시 경쟁이 덜한 토지도 청약 경쟁률이 200:1 수준이었다. 하지만 여러 필지에 동시에 청약한다면 당첨 확률을 높일 수 있었다.

적금이나 각종 금융 상품에 돈이 묶여 있던 다른 회원들과 달리 우리 부부는 모든 돈을 현금으로 가지고 있었다. 가진 현금 모두와 마이너스통장 그리고 신용대출을 한도까지 활용해서 청약했다. 남들이 두세 필지에 청약할 때 우리 부부는 총 마흔여섯 필지에 청약했다.

하루아침에 빚이 3억 원을 넘었지만 전혀 두렵지 않았다. 낙첨

되면 청약 보증금을 며칠 내로 반환해 주기 때문에 바로 상환할 수 있었다. 대출 금액은 크지만 이자는 얼마 되지 않았다. 나는 어느새 레버리지를 올바로 이해하고 활용할 수 있게 되었다. 대출이 두려워서 이자보다 훨씬 비싼 월세를 내던 2년 전의 내가 아니었다.

발표일, 아내가 낭보를 전해 왔다. 하나도 아니고 두 필지나 당첨되었다는 것이었다. 직부연 실전투자반에서 당첨자는 나를 포함해 2명뿐이었다. 그리고 나만 두 필지에 당첨되었다. 하루아침에 200평 땅의 주인이 된 것이다. 날아갈 듯이 기뻤다. 멘토를 믿고, 멘토의 가르침을 이해하며, 적극적으로 행동함으로써 결실을 맺었다. 그 후에도 나는 기쁨에 젖어 있는 대신 다음 기회를 잡기 위해 부동산 투자 공부에 매진하고 있다. 이제 나는 대한민국의 부자들이 어떻게 부를 쌓았는지 어렴풋이 알게 되었다.

소망을 성취하기 위해서는 우선 자신의 소망을 알아야 한다. 그 소망은 생생하고 구체적이어야 하며 달성 기한을 정해야 한다. 그리고 반드시 그것을 종이에 써서 이 세상에 선언해야 한다. 그 순간부터 당신의 내면과 당신을 둘러싼 세상의 톱니바퀴가 올바른 방향으로 움직이기 시작한다. 도중에 부정적인 생각이 들거나 시련이 닥칠 때마다 소망을 적어 둔 종이를 꺼내 보고 마음을 다잡아야 한다.

나 역시 소망을 담은 닉네임을 스마트폰 대기화면에 새겨 놓고 매일 보고 있다. 나는 30대가 끝나기 전에 나의 소망을 성취하고 다음 소망을 담은 닉네임을 만들어 스마트폰 대기화면에 새길 것이다. 나는 오늘도 나에게 월세를 꼬박꼬박 지급해 주는 스타벅스에서 아내와 함께 따뜻한 커피를 마시는 모습을 상상한다.

02

아내에게 포르셰 사 주고 마세라티 오너드라이버 되기

나는 원래 차에 관심이 없었다. 서울에서 살았기 때문에 대중 교통으로 충분했다. 고등학교를 졸업하자마자 취득한 운전면허증 은 결국 장롱면허가 되었다. 서울의 꽉 막힌 도로를 운전하고 다 니는 운전자들을 이해할 수 없었다. 친구들이 차를 구입해도 나 는 구입하지 않았다. 차를 구입하지 않고 저축하는 자신을 자랑스 럽게 여겼다. 나에게 자동차는 쓸모없는 사치품이었다.

결혼 후 공중보건의사(이하 공보의)가 된 나는 전라남도 장성군 에 있는 보건소로 발령받았다. 보건소에서 배정해 준 관사는 자 가용이 없으면 출퇴근이 불가능한 위치에 있었다. 나는 어쩔 수 없이 중고차를 구입했다. 아내가 세단을 싫어해서 SUV인 QM5 를 선택했다. 갖고 싶지 않았던 자동차에 피 같은 돈이 나가는 것이 너무나 가슴 아팠다.

그런데 이때부터 자동차에 관심을 가지게 되었다. 장성군의 모든 공보의들이 차를 가지고 있어서 자연스럽게 자동차에 관한 이야기를 자주 나누게 되었다. 차에 대해 아무것도 몰랐던 나도 차츰 국산차와 외제차의 이름을 등급별로 외우는 수준에 도달했다.

어느 날 한 공보의가 마이너스통장을 활용해 중고 벤츠 E클래스를 구입하겠다고 말했다. 대출에 대해서 부정적이었던 나는 다시 생각해 보라고 그를 타일렀다. 하지만 그는 결국 벤츠 E클래스와 함께 나타났다. 다른 공보의들은 축하의 말을 건네며 한번 태워 달라고 난리였지만 나는 그가 갚아야 할 빚이 더 걱정되었다. 국산 중고차로도 충분한데 왜 비싼 외제차를 구입하는지 이해할 수 없었다.

공보의 2년 차가 되던 해에 아내가 직장을 옮기면서 차로 출퇴근하게 되었다. 평소 차에 관심이 많던 아내는 운전면허를 따자마자 구입할 차를 알아보기 시작했다. 아내가 정말 갖고 싶었던 차는 BMW X6였다. 그러나 차의 가격이 당시 살던 아파트의 전세보증금에 맞먹는 가격이었다. 현실적이었던 아내는 아쉬운 마음을 뒤로하고 투싼을 골랐다. 아내에게 갖고 싶은 자동차 하나 못 사 주면서 낮은 옵션을 권유하는 나 자신이 한심하게 느껴졌다.

다행히 아내는 투싼을 마음에 들어 했다. 디자인부터 내부 옵

션까지 7년 된 중고 QM5와는 차원이 달랐다. 가끔 아내의 차를 운전하면 괜히 기분이 좋았다. 그 만족감은 말로 설명할 수 없었다. 전공의 1년 차 때 비싼 돈 주고 구입한 페레가모 구두를 신었을 때의 느낌과 비슷했다. 벤츠 E클래스를 구입한 공보의를 조금이나마 이해할 수 있었다.

하지만 아내의 투싼 사랑은 금방 식어 버리고 말았다. 어느 날 백화점 주차장에서 나오는 오르막길 중간에 시동이 꺼져 버린 것이다. 다행히 사고는 나지 않았지만 하마터면 큰일 날 뻔했다. 차에 결함은 없었지만 아내는 당장이라도 BMW X6로 바꾸고 싶어 했다. 하지만 너무 비쌌다. 내 집 마련도 하지 않은 상태에서 외제차를 살 수는 없었다.

하지만 20권이 넘는 자기계발서와 부에 관한 책들을 읽으면서 나의 의식이 변하기 시작했다. 스스로 한계를 만들었다는 것을 깨달았다. 나는 그동안 공보의 월급이 적다고, 집값이 계속 오른다고, 값싼 중고차면 충분하다고 핑계를 대고 있었다. 공보의라는 상황을 원망하는 척했을 뿐, 실제로는 공보의 신분이라는 '제한'이 주는 아늑함에 기대고 있었다. 어차피 할 수 있는 게 없다고 생각하니 열심히 노력할 필요가 없었던 것이다.

어차피 할 일도 없다는 생각에 게임만 하면서 시간을 보내기도 하고 남들 따라 주식 투자도 해 봤다. 하지만 200만 원 정도 투자했다가 손해만 봤다. 주식 투자로 인생 역전했다는 사람들처럼 치열하게 매달리지 않았다. 그들만큼 절박하지 않았기 때문이다.

"의사 인생에 세 번 휴가가 있다. 첫 번째는 의예과 시절이고 두 번째는 의사국가시험이 끝난 직후고 세 번째는 공보의나 군의 관으로 복무하는 3년이다."

나는 이런 선배들의 말에 취해 있었다. 스스로에게 노력하지 않아도 되는 면죄부를 주었던 것이다. 이런 마음가짐을 가진 내가 아내에게 외제차 하나 사 주지 못하는 처지에 놓인 것은 당연했다.

네빌 고다드는 저서 《세상은 당신의 명령을 기다리고 있습니다》를 통해 이렇게 말했다.

"여러분의 의식이 변화하지 않는다면 지금 보고 있는 모습 그대로, 앞으로도 계속 보게 될 것입니다."

그렇다. 내 의식이 변하지 않는다면 공보의가 끝난 다음에도 새로운 '한계'를 찾을 것이 분명했다. 대출을 갚아야 한다거나, 외제차는 유지비가 많이 든다거나, 앞으로의 수입이 불안하다거나. 핑계는 헤아릴 수 없이 많다. 이런 식으로는 원하는 것을 손에 넣을 수 없다. 환경이 변하고 기회가 올 때까지 기다리지 말고 환경을 바꾸고 기회를 잡아야 한다.

나는 의식을 바꾸기로 했다. 그 증거로 비전선언문과 소명선언문을 작성했다. 그중 '완벽한 경제적 자유를 쟁취해 내 가족의 자아 성취를 위한 경제적 토대를 마련한다'라는 대목이 있다. 구체적인 방법이나 계획이 없었음에도 무작정 선언했다. 아내도 내가 전설적인 인물이 될 거라고 지지해 주었다.

나는 아내와 함께 각자의 드림카를 찾아보았다. 우리는 주말마다 재규어, BMW, 벤츠, 포르셰 매장을 둘러보았다. 아내는 마음에 드는 모델 몇 가지를 시승해 본 뒤 포르셰 마칸을 드림카로 정했다. 드림카를 결정한 아내는 이미 가진 것처럼 기뻐했다. 그 모습을 보는 나도 기뻤다.

나는 방문했던 전시장에서 가슴이 뛰는 드림카를 발견하지 못했다. 그러던 중 예전에 봤던 웹툰에 나온 슈퍼카가 떠올랐다. 그 웹툰에는 주인공이 그 슈퍼카의 구동음을 처음 듣고 고물차로 착각하는 장면이 나온다. 바로 마세라티 콰트로포르테다. 마세라티는 독특한 엔진 구동음을 만들기 위해 엔진 튜닝 전문가와 피아니스트와 작곡가를 자문위원으로 초빙하는 것으로 유명하다. 포세이돈의 창을 상징하는 삼지창 엠블럼은 차에 고급스러움을 더한다. 우연히 도로에서 마주칠 때마다 가슴이 뛰었다. 내 드림카는 이걸로 정했다.

"네가 20대에 태그호이어 차면 인생 승리자로 인정해 준다!"

몇 년 전 술자리에서 대기업에 다니는 친구가 한 말이다. 태그 호이어는 스위스 시계 브랜드로, 손목시계 하나의 가격이 직장인 한 달 월급과 맞먹는다. 당시 사회 초년생이었던 나는 그 가격을 보고는 어처구니가 없었다. 그러나 지금은 그보다 수십 배는 비싼 슈퍼카를 사기로 결심했다. 그때와 다른 점이 있다면 소형 오피스텔 한 채에 달하는 가격을 보고 놀라지도 주눅 들지도 않는다는 것이다.

내가 끌어딩길 수 있는 부에는 한계가 없다. 나는 과거에는 상상도 하지 못했던 부를 이룰 것이다. 그래서 갖고 싶은 것은 모두 갖고 누리고 싶은 것은 모두 누릴 것이다. 아내에게는 포르셰를 사 주고 나는 마세라티 오너드라이버가 될 것이다. 주차장에 나란히 주차된 우리 부부의 드림카를 상상하면 저절로 흐뭇해진다.

매년 스테디셀러 내고
강연 문의 쇄도하는 작가 되기

나는 고등학생 시절 이과였지만 문과적 소질이 많다는 이야기를 많이 들었다. 중학생 때는 여름방학 동안 PC통신 나우누리에 판타지 소설을 연재했다. 고등학교 때 들어간 동아리는 '철학반'이었다. 입시논술면접 학원에서도 토론을 잘한다는 칭찬을 많이 들었다. 나는 내 생각을 언어에 담아 타인과 소통하는 것이 좋았다.

하지만 의대에서는 '생각하기'와는 거리가 먼 교육만 받았다. 이미 밝혀진 의학적 지식을 암기하는 데만 급급했다. 의대 교육은 오로지 받아들일 것만을 요구했다. 눈앞에 닥친 시험공부를 반복하다 보니 어느새 주입된 지식으로만 판단하는 의사가 되어 있었다.

영상의학과 전공의가 되고 나서야 글을 쓸 기회를 얻게 되었다. 바로 의학 논문이었다. 의학 논문은 새로운 의학적 사실을 알리고 그 타당성을 증명하는 글이다. 또한 의학자가 세상에 자신을 알릴 수 있는 가장 빠른 수단이다. 좋은 논문을 쓸수록 학계에서 인정받게 되고 대학병원 인사고과에 반영된다. 나도 논문을 써서 나를 알리고 의국에서 인정받고 싶었다. 구글 학술 검색에서 내 논문이 검색되는 모습을 보고 싶었다.

하지만 영어 논문 작성은 생각보다 어려웠다. 근무가 없는 주말에도 병원에 가서 논문을 쓰곤 했다. 처음 쓴 논문은 엉망이었다. 하지만 교수님의 지도대로 수정을 거듭해 여러 편의 논문을 완성할 수 있었다. 배우면 배울수록 의학 논문 작성에는 기술이 필요했다. 마치 수학 공식과 같았다. 연구 데이터를 분석한 다음 형식에 맞춰 쓰면 끝이었다. 논문이 채택되려면 논문 심사자의 마음에 들어야 하기 때문에 전략적으로 쓰게 된다. 때로는 내가 발견한 사실이 큰 의미가 있는 것처럼 과대 포장도 해야 했다. 나의 솔직한 생각을 쓰는 것이 아니었다.

나의 첫 논문은 전공의 3년 차에 출판되었다. 처음에는 내 이름이 들어간 논문 인쇄본이 마냥 신기했다. 기념비적인 논문의 PDF 파일을 스마트폰에 넣고 다녔다. 페이스북을 통해 논문 게재 사실을 지인들에게 자랑하기도 했다. 한 달에 한 번 전공의들의 논문 진행 상황을 발표하는 미팅 시간마다 당당하게 발표했다. 비록 논문 게재 수 1등은 아니었지만 언제나 상위권에 있었다. 논문으로 학회에서 주는 학술상도 받았다.

하지만 논문을 쓸수록 허무해졌다. 전공의 4년 동안 거의 모든 주말을 투자해 논문을 썼지만 돌아오는 것은 더 많은 연구 과제였다. 교수님들의 인정이 유일한 보상이었다. 대학교수가 되고자 한다면 논문이 유용한 스펙이 되겠지만 나는 대학교수가 될 생각이 없었다.

무엇보다 나를 허무하게 했던 것은 내가 쓴 논문은 내가 아닌 다른 사람도 쓸 수 있다는 점이었다. 현대의학은 증거중심의학이다. 논문은 의학적 사실의 증거인 임상 데이터의 취득 과정과 통계적 분석을 기술할 뿐이다. 논문 작성은 지극히 기계적인 작업이며 힘든 노동이다. 나는 의학 논문에 더 이상 매력을 느낄 수 없었다.

이제는 나만의 생각을 담은 책을 쓰고 싶어졌다. 소수의 학자들에게 연구 데이터를 소개하는 것이 아니라 다양한 사람들과 생각을 나누고 싶어졌다. 서점에 내 이름 석 자가 새겨진 책들이 진열되어 있는 모습을 상상하자 가슴이 뛰었다. 베스트셀러를 펴내서 유명해지고 인세로 돈도 많이 벌고 싶었다.

나는 추석 연휴 때 책 쓰기에 관련된 책들을 대량으로 구매해 읽었다. 책 쓰기를 통해 인생을 바꾼 사례들은 내 열망을 더욱 부채질했다. 책을 읽어 보니 나는 그동안 책 쓰기에 대해 오해하고 있었다. 작가는 단순히 책을 쓰고 인세를 받는 사람이 아니었다.

작가는 책을 통해 세상에 긍정적인 영향력을 행사하는 메신저다. 작가는 출판 후 이어지는 강연, 칼럼 기고, 컨설팅, 코칭으로 많은 사람들의 인생을 변화시키는 존재다. 나도 누군가의 인생을 더 나은 방향으로 이끄는 메신저가 되고 싶어졌다.

나는 책에 나온 지식들을 바탕으로 책을 쓰기 시작했다. 참고 도서를 대량으로 구매해 글감을 수집했다. 공중보건의 복무가 끝나기 전에 개인저서를 출판하고 싶었다. 조급한 마음에 준비도 덜 된 상태에서 무작정 글을 쓰기 시작했다.

처음 한 꼭지를 썼을 때는 뿌듯했다. 하지만 두 번째 꼭지를 쓰기 전에 문득 불안감이 엄습했다. 독자를 생각하지 않고 내 생각만 일방적으로 쓰고 있다는 생각이 들었다. 다시 읽어 보니 내가 쓴 글에는 내 스토리가 전혀 담겨 있지 않았다. 나조차도 돈 주고 이런 글을 읽고 싶지 않았다. 역시 독학에는 한계가 있었다.

책 쓰기를 제대로 배우기 위해 강좌를 검색했다. 많은 책 쓰기 교실 중 〈한책협〉을 선택했다. 〈한책협〉에서 출판한 책들에 소개된 방법이 가장 체계적이고 실용적이었다. 작가는 평생 현역이다. 평생 활용할 지식을 배우려면 최고에게 배워야 한다. 〈한책협〉의 설립자 김태광 코치는 내 인생 최고의 책을 쓰도록 나를 직접 지도해 주었다. 누가 뭐라 해도 내게는 그가 최고였다. 최고인 만큼 등록금도 만만치 않았다. 다행히 아내는 적지 않은 비용을 흔쾌히 허락해 주었다. 필력을 단기간에 비약적으로 상승시키기 위해 공저 과정에도 참가했다.

아직 내가 책을 쓴다는 것을 아는 가족이나 친구는 없다. 그들이 알게 되면 나를 걱정할 것이 분명하다. 이상하게 변했다고 이야기할지도 모른다. 나도 불과 몇 달 전까지만 해도 내가 책 쓰기에 도전하게 될 줄 몰랐다. 하지만 결코 하루아침에 의식이 변한 것이 아니다. 몇 달 동안 많은 책을 읽었고 많은 만남이 있었으며 많은 성취를 이뤘다. 동시에 고민과 방황도 있었고 힘든 고비도 넘겼다. 이걸 다 말할 수도 없고 말한다 한들 와 닿지도 않을 것이다. 그렇기에 더욱 책을 써야 한다. 책을 써서 내 경험과 생각을 모두와 나누고 싶다.

《메신저가 되라》의 저자 브렌든 버처드는 사람은 누구나 소중한 가치를 지니고 있다고 말했다. 각 개인의 스토리는 유일무이하며 반드시 누군가에게 도움을 줄 수 있다고 말했다. 그러나 지금까지 내 인생은 큰 굴곡이 없었다. 남들이 정해 놓은 안전한 길만 걸어왔다. 모범생처럼 성공가도를 달려왔다. 틀에서 찍어 내는 붕어빵 같은 인생이었다. 그래서 나의 재미없는 스토리는 책에 담을 수 없다고 생각했다. 나야말로 작가에 가장 안 어울리는 사람이라고 생각했다. 하지만 그렇기에 나의 스토리가 의미 있는 것은 아닐까? 그렇게 생각하자 책 쓰기에 도전할 자신감이 샘솟았다.

이 글을 쓰는 시점에 개인저서의 제목과 목차가 완성되었다. 목차를 인쇄해서 벽에 붙여 놓고 초고를 작성하며 하루하루를 즐겁게 보내고 있다. 논문을 쓸 때와 전혀 다른 기분이다. 지금까지 겪은 일들이 이 책을 완성하기 위해 있었던 것 같은 착각마저 든다. 이 책은 오로지 나만 완성할 수 있다. 내가 쓰지 않으면 영원히 세상에 나오지 않는다. 따라서 무거운 책임감과 사명감을 느낀다.

나는 꾸준히 책을 쓸 것이다. 책 쓰기를 통해 계속 성장하는 메신저가 될 것이다. 메신저로서의 경험을 담아 더욱 다양한 분야의 책을 써 나갈 것이다. 내가 쓴 책들 중에서 매년 스테디셀러가 나올 것이다. 책을 통해 내 생각을 세상에 알리고 강연을 통해 독자들을 직접 만나 소통할 것이다. 많은 사람들의 삶을 변화시키고 더 좋은 세상을 만들 것이다. 나는 의사이자 스테디셀러 작가가 될 것이다.

경제적 자유의 중요성을
설파하는 메신저 되기

초등학생 시절, 나는 토요일마다 동네 쇼핑센터 1층 게임 매장으로 향했다. 당시 나는 '알라딘보이'라는 게임기를 가지고 있었다. 하지만 진짜 가지고 싶었던 게임기는 '슈퍼패미콤'이었다. 토요일에 매장에 가면 주인아주머니의 아들로 보이는 중학생 형들이 슈퍼패미콤으로 게임을 하고 있었다. 나는 매장 밖에서 형들이 게임하는 모습을 지켜보곤 했다. 그 게임기가 몹시 갖고 싶었지만 한 번도 부모님께 사 달라고 하지 않았다. 어린 나이에도 게임기를 2개나 갖는 것은 욕심이라고 생각했다. 결국 나는 슈퍼패미콤을 가져 보지 못했다.

나는 게임팩도 몇 개 없었다. 비싼 게임팩은 당시에도 몇 만 원대였다. 나는 한 가지 게임을 클리어한 다음에야 다른 게임팩으로 교환할 수 있었다. 아버지와 함께 청계천 게임 상가에 가서 새로운 게임팩을 고를 때가 가장 행복했다. 게임팩을 교환할 때도 적게는 5,000원에서 3만 원 정도의 비용이 들었다. 그래서 매번 신중하게 게임팩을 골랐다. 나는 주로 롤플레잉 게임을 즐겨 했다. 재밌기도 했지만 오랫동안 질리지 않고 할 수 있었기 때문이다.

그 시절 또 다른 부러움의 대상은 386 컴퓨터를 가진 친구들이었다. 우리 집에도 일찍부터 컴퓨터가 있었지만 286 컴퓨터였다. 그래서 친구나 친척 집에서 재미있는 게임을 복사해 와도 우리 집 컴퓨터에서는 실행되지 않았다. 컴퓨터는 급속도로 발전해서 많은 친구들이 펜티엄 컴퓨터를 가지게 되었지만 우리 집에는 여전히 286 컴퓨터가 놓여 있었다. 서러웠던 나는 펜티엄 컴퓨터를 사 달라고 부모님을 졸랐다. 너무 갖고 싶은 나머지 앓아눕기까지 했다. 아버지께서는 큰맘 먹고 한 달 월급에 맞먹는 펜티엄 컴퓨터를 사 주셨다.

나의 어린 시절은 불행하지 않았다. 부모님께서는 가능한 범위 내에서 내가 원하는 것을 들어주셨다. 우리 부모님도 다른 부모들처럼 경제적 여건에서 자유롭지 못했다. 내가 무언가를 사 달라고 조를 때마다 다 들어줄 수 없어 속상하셨을 것이다. 그럼에도 불구하고 우리 집의 경제적 상황을 눈치채지 못하게 해 주셨던 부모님께 진심으로 감사한다.

나는 의대에 들어가고 나서야 세상에는 부잣집 자녀가 많다는 것을 새삼 깨달았다. 의대에는 '음악반'이라는 오케스트라 동아리가 있었다. 동아리에 가입하려면 다룰 줄 아는 오케스트라 악기가 있어야 했다. 한 부잣집 친구는 그 동아리에 들어가기 위해 수백만 원짜리 악기를 구입하고 개인 레슨도 받았다. 반면 어떤 친구는 다룰 줄 아는 악기가 없어 선배에게서 오보에를 권유받았지만 가장 싼 것도 100만 원이 넘어 가입을 포기했다.

돈이 행복을 보장하지는 않는다. 돈이 많아도 불행한 사람은 어렵지 않게 찾을 수 있다. 형편이 넉넉하지 않아도 행복하게 살아가는 사람도 얼마든지 있다. 나도 부자는 아니었지만 행복했다. 하지만 돈이 많으면 선택의 폭이 넓어진다. 부자는 청빈낙도를 선택할 수 있다. 하지만 빈자는 부귀영화를 선택할 수 없다. 부잣집 자녀는 오케스트라 동아리에 들 수도 있고 안 들 수도 있다. 하지만 가난하면 선택을 할 기회조차 주어지지 않는다.

부모님이 젊었던 시절에는 먹고살기 바빴다. 경상남도 끝자락 시골에서 태어난 아버지는 빨리 돈을 벌기 위해 교사가 되었다. 어머니도 외할아버지가 일찍 세상을 뜨는 바람에 내학 신학을 포기했다. 자신의 적성이나 꿈은 중요하지 않았다. 진로 고민은 배고프지 않은 다음에나 할 수 있는 것이다.

내가 있던 병원에는 교수가 되기 위해 월급을 받지 않는 '무급

전임의' 시절을 몇 년이나 버틴 사람도 있다. 명예와 학문을 향한 불타는 열정은 물론 존경할 만하다. 하지만 그런 열정을 가지려면 일단 배가 고프지 않아야 한다. 교수 자리가 나지 않으면 누군가 은퇴할 때까지 기약 없이 기다려야 한다. 인턴 동기는 '교수 임용은 버티기 게임'이라고까지 말했다.

'형설지공(螢雪之功)'이라는 말이 있다. 촛불 하나 못 사는 형편에도 꿋꿋이 공부하는 자세를 칭송하는 말이다. 하지만 그 이면에는 생계를 위해 희생한 아내가 있다. '남존여비(男尊女卑)'라는 미명하에 아내의 고통을 과소평가하는 말이다. 선비들이 유교적 사상에 심취해 자기만족을 꾀하는 동안 많은 여성들이 인고의 세월을 겪었다. 비슷하게 '양반은 얼어 죽어도 겻불은 안 쬔다'라는 속담이 있다. 아무리 궁하거나 다급해도 체면을 지킨다는 의미다. 하지만 체면만 차리는 무능한 가장 때문에 얼어 죽게 된 가족도 이에 동의하겠는가.

TV나 신문 기사를 보면 돈 때문에 가족 사이에 다툼이 생기는 경우를 접할 수 있다. 혹자는 이걸 보고 지나치게 많은 돈은 재앙을 부른다고 말한다. 하지만 이런 일들은 돈이 많아서 생기는 것이 아니다. 어느 한쪽이 돈이 부족해서 생기는 문제다. 가난한 형제가 부유한 형제에게 돈을 빌렸다가 다툼이 생기면 그 원인은 빌린 쪽에 있다. 빌려주는 쪽이 인색한 것이 아니라 갚지 못하는 쪽이 무능한 것이다.

나는 《흥부전》의 흥부가 싫다. 흥부는 경제적 능력도 없으면서 자녀만 계속 낳는다. 당연히 더 가난해질 수밖에 없다. 흥부를 바라보는 아내와 자식들의 시선이 어떠했겠는가. 나는 흥부가 지독하게 무능하고 이기적이라고 생각한다. '다리가 부러진 제비'라는 로또를 맞았기에 망정이지 아니면 다 굶어 죽었을 것이다.

초등학생 때 본 애니메이션 〈플랜더스의 개〉의 마지막 장면이 아직도 기억난다. 가난한 우유 배달부 네로는 미술에 소질이 있었지만 재료를 구할 돈이 없어 꿈을 펼치지 못한다. 결국 네로는 크리스마스에 그의 개 파트라슈와 함께 얼어 죽는다. 내가 본 애니메이션 중 가장 충격적인 결말이었다.

예술에는 돈이 많이 든다. 뛰어난 화가가 되기 위해서는 많이 그려 봐야 한다. 그러기 위해선 양질의 재료를 구입할 수 있어야 한다. 연주가로 성공하기 위해서도 좋은 악기와 좋은 레슨이 필요하다. 해외유학은 기본이다. 아파트에서 악기 연습을 하려면 방음 공사를 해야 한다. 세 들어 사는 아파트에 공사를 할 수 없으니 내 명의로 된 아파트여야 한다. 게다가 좋은 음악 학원은 서울에 집중되어 있다. 뛰어난 연주가가 되려면 서울에 넓은 집이 있는 가정에서 태어나야 한다. 그렇지 못하면 많이 힘든 것이 현실이다.

경제적 자유를 쟁취하는 것은 우리 모두의 의무다. 자기 자신을 사랑한다면 우선 자신부터 자유로워져야 한다. 혹시나 가족들이 경제적 한계 때문에 욕구를 억누르고 있는지도 알아야 한다. 한 걸음 더 나아가 가족은 물론 주변의 어려운 사람들을 도와줄 수 있는 부자가 될 때까지 경제적 자유의 쟁취를 멈추지 말아야 한다. 그래야 진정으로 행복하고 자유로운 삶을 살 수 있다.

몇 달 전 갖고 싶은 것 열 가지를 종이에 적으려 해 봤다. 처음에는 다섯 가지도 적지 못했다. 욕망마저도 경제적 한계에 맞춰진 것이다. 욕망이 없는 삶은 자유로운 삶이 아니다. 모든 욕망을 이룰 수 있는 삶이 진정으로 자유로운 삶이다.

나의 부모님은 단 한 번도 '적당히 벌어서 적당히 써라'라는 식의 말을 하지 않았다. 나에게 어려운 환경을 이겨 내고 더 큰 욕망을 품을 수 있는 발판을 마련해 주셨다. 나는 부모님이 상상한 것보다 훨씬 빠르고 크게 성공할 것이다. 그래서 내가 쟁취한 경제적 자유가 삶을 어떻게 바꾸는지 보여 줄 것이다. 그 과정과 노하우를 책과 강연에 담아 많은 사람들이 자신의 한계를 깨고 자유를 쟁취하도록 도울 것이다.

아내와 독일
생맥주 투어 가기

대학교에 막 입학했을 때 나는 술자리가 싫었다. 쓰기만 한 술을 무슨 맛으로 먹는지 이해할 수 없었다. 그나마 맥주는 알코올 도수가 낮아서 부담이 작았다. 어머니도 가끔 집에서 맥주를 마시곤 했다. 무슨 맛으로 마시냐고 물어보면 항상 '시원한 맛'이라고 대답하셨다. 물이나 탄산음료 역시 시원한데 무슨 차이인지 도무지 이해할 수 없었다.

맥주에 대한 내 생각이 극적으로 바뀐 것은 2004년 친구와 둘이서 도쿄에 여행을 갔을 때다. 여행 도중 친구 아버지의 직장 동료분에게 저녁을 얻어먹게 되었다. 생맥주를 반주로 먹었는데 너무나 맛있었다. 한 모금을 마시고 깜짝 놀라서 친구를 보니 그

또한 감탄을 금치 못했다. 우리 돈으로 먹는 것이 아니라서 더 주문하지 못했던 것이 못내 아쉬웠다.

그때부터 맥주에 대한 내 시각은 완전히 뒤바뀌었다. 어떤 맥주를 먹어도 다 맛있었다. 맥주 고유의 쓴맛조차도 사랑하게 되었다. 술자리를 좋아하게 되었다. 친구들은 소주를 마셔도 나는 맥주만 마셨다. 맥주는 잘 취하지 않고 맛도 있어서 일석이조였다.

하지만 아무리 다양한 맥주를 마셔 봐도 일본 여행 중 마셨던 그 맥주의 맛을 찾을 수 없었다. 친구와 나는 그때 마신 맥주가 무슨 맥주였는지 어느 식당에서 마셨는지 기억하지 못했다. 사진 한 장 남아 있지 않았다. 친구의 아버지를 통해 물어볼 수도 있었지만 그땐 그 생각을 하지 못했다.

같은 해 여름방학에 의대 친구 2명과 한 달간 유럽으로 배낭여행을 떠났다. 우리는 여행 콘셉트를 '맥주 시음'으로 잡았다. 어느 나라에 가든 국내에서 맛보기 힘든 지역 맥주를 맛보기로 했다. 특히 맥주로 유명한 독일에는 꼭 들러서 유명한 양조장에서 직영하는 맥줏집에서 맥주를 맛보기로 계획했다.

네덜란드 암스테르담에서 마신 하이네켄을 시작으로 지금은 기억도 안 나는 다양한 종류의 맥주를 맛보고 소감을 나누면서 유럽 곳곳을 돌아다녔다. 여행의 하이라이트는 역시 독일의 뮌헨이었다. 도착한 날 뮌헨 시청 앞 광장에서 맥주 판촉 행사가 열렸다. 다양한 양조장에서 가판을 열고 맥주를 무료로 나눠 주고 있었다. 갈 길이 바빴던 우리는 줄이 가장 짧았던 양조장의 맥주를 맛보았다. 생각보다 평범했다. 우리가 실망하고 있을 때 취기가 잔뜩 오른 백인 남자가 우리에게 다가왔다. 그는 파란색 바탕에 'HB'라는 로고가 새겨진 맥주잔을 보여 주며 독일어로 뭐라고 말했다. 아마도 그 양조장의 맥주를 마시라는 의미였으리라. 하지만 우리가 줄을 서기도 전에 그 맥주는 동나 버렸다.

'HB'는 '호프브로이하우스(Hofbräuhaus)'의 약어로, 뮌헨의 맥주 양조장 중 가장 유명한 곳이다. 1589년 빌헬름 5세 공작이 세운 유서 깊은 양조장이다. 레닌을 비롯해 많은 유명 인사들이 방문했다고 한다. 볼프강 아마데우스 모차르트도 수차례 들러 영감을 받았다고 한다. 우리가 들고 간 여행 책에도 뮌헨에 가면 반드시 가 봐야 하는 맥줏집으로 나와 있었다.

그날 저녁 우리는 설레는 마음으로 호프브로이하우스 맥주홀을 찾았다. 여행 책자에 소개된 내로 3,000명이 들어가는 거대한 홀에 현지인과 여행자들이 섞여서 맥주를 즐기고 있었다. 그곳에서 마신 오리지널 생맥주는 태어나서 마셔 본 맥주 중 단연 최고였다. 술이 약해서 항상 조금씩 마시던 한 친구도 맥주가 맛있다며 벌컥벌컥 들이켰다. 그날 맥주를 너무 많이 마신 나머지 중간부터는 잘 기억이 나지 않는다.

우리는 뮌헨에 1박 2일간 머물렀다. 떠나는 날 저녁에는 뢰벤브로이에 가서 기차 시간까지 맥주를 마셨다. 뢰벤브로이는 1333년에 창업한 맥주 회사로, 과거 뮌헨의 6대 양조장 가운데 하나였다. 맛은 호프브로이하우스와 달랐지만 역시 훌륭했다. 이렇게 훌륭한 맥주 양조장을 여러 개 가진 독일 사람들이 부러웠다. 독일을 떠나는 기차 안에서도 독일 맥주가 계속 생각났다.

문제는 그다음이었다. 독일을 떠난 뒤로는 어느 나라에 가서 맥주를 마셔도 평범했다. 그나마 체코 프라하에서 마신 필스너 생맥주가 괜찮았지만 나머지는 그렇지 않았다. 여행 중 한번은 뢰벤브로이에서 나온 캔맥주를 발견했다. 독일 여행의 마지막을 장식한 바로 그 맥주였다. 우리는 흥분을 감추지 못하고 바로 구입했다. 하지만 뮌헨에서 마신 생맥주와 맛이 전혀 달랐다. 실망스러웠다.

맥주를 캔이나 병에 넣어서 장기간 보관하려면 저온살균이나 필터링과 같은 처리 과정을 거치게 된다. 맥주 회사는 처리 과정 후에도 본래의 맥주 맛이 유지되도록 많은 노력을 기울인다. 하지만 효모가 온전히 살아 있는 생맥주와 맛이 같을 수 없다. 최근에도 뢰벤브로이 캔맥주를 마셔 보았지만 생맥주 맛을 살리는 것은 아직 기술적으로 불가능한 것 같다.

한 달 유럽 여행 중 유일하게 남은 후회가 독일에 너무 짧게 머물렀다는 것이다. 유럽 여행을 같이 간 친구와 나는 한국에 오자마자 서울에서 유명한 하우스 맥줏집들을 찾아다녔다. 수제 맥주는 일반 맥주보다 비싸지만 맛은 좋았다. 하지만 그 어떤 수제 맥주도 독일에서 마셨던 생맥주의 맛에 미치지 못했다. 심지어 독일에서 양조 기계를 들여왔다는 맥줏집도 그 맛을 재현해 내지 못했다. 결국 나는 국내에서 독일 생맥주 맛을 찾는 것을 포기했다. 그 맥주를 마시려면 독일로 다시 가는 수밖에 없다고 결론지었다.

의대 본과생이 되고 나서는 과외 아르바이트로 용돈을 벌 수 없었다. 부모님께 용돈을 받아 독일 여행을 하기는 어려웠다. 의사가 되고 나서는 돈이 있어도 휴가가 너무 짧아서 갈 수 없었다. 짧게 다녀오기엔 비행기 값이 아까웠다. 게다가 친구와 휴가 날짜를 맞추는 것도 어려웠다. 어느덧 유럽 여행은 12년 전의 일이 되어 버렸다.

결혼하고 나서는 아내와 종종 맥주를 마신다. 나는 맥주 맛을 품평할 때마다 독일 맥주 이야기를 빼놓지 않았다. 그럴 때마다 아내는 내가 여행할 때 너무 더웠기 때문에 맛있게 느낀 것이라고 단정 지었다. 아내의 말대로 그때 독일은 몹시 더웠다. 낮 동안의 여행으로 지친 상태에서 마셨으니 더욱 맛있게 느껴졌을지도 모른다. 나도 이젠 어떤 맛이었는지 뚜렷하게 기억나지 않는다. 어쩌면 그때의 추억을 지나치게 미화하고 있는 것일지도 모른다. 어른들이 어려웠던 시절에 먹은 평범한 요리를 최고의 요리처럼 기억하는 것처럼 말이다.

그렇기에 나는 다시 한 번 독일에 가고 싶다. 오리지널 생맥주의 추억의 진위를 확인하고 싶다. 그 추억이 진짜이길 간절히 바란다. 이제 각자의 삶으로 바쁜 친구들과 같이 여행하는 것은 어렵다. 대신 나의 추억을 반신반의하는 아내와 함께 가고 싶다. 독일에는 국내에서 결코 맛볼 수 없는 다른 차원의 맥주가 있다는 것을 보여 주고 싶다.

독일에 가게 되면 차를 렌트해서 독일 전국 방방곡곡을 다닐 것이다. 물론 출발은 뮌헨부터다. 호프브로이하우스에서 가까운 곳에 숙소를 잡고 저녁마다 가서 모든 종류의 맥주를 맛볼 것이다. 1층 홀에 있는 무대에서는 여러 나라의 민요가 라이브로 연주된다. 우리나라의 아리랑도 연주된다고 한다. 하지만 지난번에 갔을 때는 듣지 못했다. 이번에는 아리랑이 울려 퍼지는 호프브로이하우스 1층 홀에서 아내와 맥주잔을 기울이고 싶다. 분명 잊지 못할 추억이 될 것이다.

버 킷 리 스 트 10

Chapter 2

가치 있는 경험을
공유하는 자산가 되기

· 전민경 ·

전민견

'Sparta Evolution' 이사, 작가, 인재양성가, 이미지 컨설턴트

클래식을 전공하고 뉴욕대학교와 동 대학원에서 Media Communication을 전공했다. 기업의 이사
로서 왕성한 활동을 하고 있으며 이미지 컨설턴트와 인재양성가로도 활동 중이다. 또한 다수의 취업
박람회에서 많은 사람들에게 희망을 주고 그들의 꿈을 실현해 주는 데 앞장서고 있다. 저서로는《부
모님에게 꼭 해드리고 싶은 39가지》가 있다.

E-mail dreamseeker2018@naver.com

01

30억 원대
자산가 되기

엠제이 드마코의 저서 《부의 추월차선》은 미국의 인터넷 서점 아마존의 금융·사업 분야 베스트셀러다. 나는 이 책을 읽고 신선한 충격을 받았다. 책에는 30대 억만장자가 알려 주는 부자의 길에 대한 내용이 담겨 있다. 하지만 대박 인생을 말하거나 쉽게 돈을 벌 수 있다는 논리는 전혀 아니다. '인생 한 방'을 노리는 사람은 가난을 면치 못한다는 내용의 글은 목표를 향해 행동할 수 있게 하는 원동력이 되어 주었다. 스스로 돈을 벌고 실제 행동으로 옮겼을 경우 부자가 될 확률이 높아지므로 운도 따라온다는 것이다.

일반적으로 부에 대해 논하는 책들은 부를 이루는 방법을 제시해 주지 않는다. 부가 축적된 결과물만 가지고 논한다. 하지만 드마코는 진정한 부를 얻는 자세한 방법부터 도전과 실패에 대해서도 언급한다. '다섯 가지 추월차선 사업씨앗'이라는 올바른 부의 축적 방법에 대해서도 상세하게 나열한다. 그 다섯 가지 중, 나는 임대시스템과 콘텐츠시스템으로 30억 원대의 자산가가 되고 싶다는 꿈을 키우고 있다.

임대시스템 중 부동산은 내가 쉽게 다가갈 수 있는 아이템이다. 나는 오랫동안 직장생활을 하면서 부동산 재테크 관련 책들을 많이 읽고 월급으로 투자도 했다. 이나금 작가의 《나는 쇼핑보다 부동산 투자가 좋다》, 김학렬의 《부자의 지도》, 김장섭의 《대한민국 부동산의 미래》, 너바나의 《나는 부동산과 맞벌이한다》 등을 포함해 50여 권의 책을 읽으며 부동산 임대는 매우 전통적인 방법이지만 여전히 부 축적의 기본이라는 확신을 가졌다. 나는 부동산에 관심이 있는 다른 직장인들과 함께 발품을 팔며 부동산 임장을 다녔다. 경매에 입찰도 했고, 부동산 전문가들의 세미나에도 참석했다. 아무리 부동산 지식이 많아도 직접 보고 판단하는 과정이 없다면, 부의 추월차선을 탈 수 없다고 생각했다.

부동산은 세입자가 사용하는 시간에 비례해 돈을 축적한다. 부동산은 시간을 먹고 자라나는 개체이므로, 이 시스템의 확장과 반복적인 수입은 분명 부의 축적을 가지고 올 것이다. 나는 이러한 반복적인 행동을 통해 임대시스템을 지속적으로 확장해 나갈 것이다.

또한 콘텐츠시스템을 구축해 30억 원대 자산가가 될 것이다. 콘텐츠 유통 수단인 책, 블로그, 잡지, 카페 등을 통해 내 전문 분야의 이야기들을 퍼트릴 수 있다. 나의 분신인 책이 전국으로 퍼져 나가 나만의 경험과 스토리가 사람들에게 전달될 것이다. 학교, 직장, 인간관계, 사회생활에서 쌓인 나의 노하우가 책이라는 수단을 통해서 내가 쉬는 동안에도 누군가에게 전달되는 것이다. 즉, 밥을 먹는 시간에도, 자는 시간에도, 다른 일을 하는 시간에도 나만의 콘텐츠는 나에게 투자 대비 높은 수익률을 가져다주는 효자가 될 것이다.

내가 30억 자산가의 꿈을 이루고 싶은 궁극적인 이유가 있다. 나는 한국취업협회 또는 한국취업학교를 설립할 것이다. 전국 각지에 취업을 준비하는 청년들이 마음 놓고 사용할 수 있는 공간을 마련할 것이다. 또한 좋은 시설에 양질의 교육시스템을 갖추어 불안감을 안고 살아가는 취업준비생들, 대학생들에게 취업멘토링을 하고 싶다. 힘들게 구직 활동 중인 청년들이 원하는 목표에 도달할 수 있도록 용기를 북돋워 주고 싶다. 취직이 되지 않아서 시간이 감에 따라 불안감이 커져 가는 청년들의 문제를 단지 '개인'의 문제가 아니라 '우리'의 문제로 인식하고 도와줄 것이다.

모든 이의 경험은 값진 것이고 가치가 있다. 그러니 자신감을 갖고 제대로 된 취업 준비를 한다면 충분히 취업할 수 있다. 단지 그것이 기업의 채용 담당자에게 잘 보이지 않거나, 잘못된 취업전략으로 자신의 적성과 맞는 기업을 찾지 못하는 것이다. 나는 취업난에 함께 공감하고, 제대로 된 취업 준비 시스템을 갖추어 청년들을 멘토링할 수 있는 여건을 만들 것이다.

내가 30억 자산가가 되고 싶은 또 다른 이유는 안정된 노후의 삶을 위해서다. 50대부터는 경제력에 대한 걱정 없이 자유를 누리며 살고 싶다. 한평생 열심히 살아온 나에게 쉬는 시간을 주고 싶다.

얼마 전 〈헤럴드경제〉지에서 '50대 고용불안·노후대비… 은퇴 후 절반이 빈곤층 전락'이라는 기사를 읽었다. 너무나 슬픈 현실을 직면하게 되었다. '100세 인생'이라는 노래의 유행이 무색해질 정도로 은퇴 후 30년 정도를 고민해야 하는 시대가 온 것이다. 일생을 열심히 일하며 달려왔지만, 오래 살수록 빈곤해지는 구조가 된 것이다. 은퇴 후 인생을 즐기며 이제까지의 노고를 보상받기는 커녕 자녀교육과 결혼 비용, 생활비 등 때문에 계속 일해야 되는 상황들이 발생한다.

이런 뉴스와 기사를 접할 때마다 일찍 노후를 대비해야 한다고 뼈저리게 느낀다. 더 늙기 전에 자산가가 되어 노후에는 경제적인 자유를 누리며, 사랑하는 사람들과 행복하고 편안하게 살 것이다. 또한 바쁜 일상에 쫓겨서 마음껏 하지 못했던 것들, 비싸서 못 샀던 것들을 마음껏 사는 사치를 누리고 싶다.

나는 30억 자산가가 되면, 나를 위해서, 남을 위해서, 사회를 위해서 할 수 있는 일이 더 많아질 것이라고 굳게 믿는다. 긍정적인 영향력을 끼치며 인생을 사는 것이 얼마나 의미 있는 일인지 느끼고 싶다. 물론, 30억 자산가가 되기 위해서는 간절하게 꿈꾸고 노력하며 도전해야 한다. 도전하는 과정에서 힘든 일이 닥치더라도 대나무처럼 단단해져야 한다. 30억 자산가가 되는 길은 편하고 예쁘기만 한 비단길이 아니기 때문이다.

김태광 작가의 저서 《서른여덟 작가, 코치, 강연가로 50억 자산가가 되다》를 보면, 그가 자산가가 되기까지의 과정이 순탄치만은 않았음을 알 수 있다. 그는 절망, 시련, 불운을 이겨 내고 성공해서 자산가가 되었다. 현재의 모습만을 보는 사람들은 50억 자산가라는 이름 아래 얼마나 많은 고난과 역경이 존재했는지 상상하지 못할 것이다. 그가 50억 자산가가 된 것은 단순히 운이 좋아서가 아니라, 철저한 자기관리와 열망, 반복적인 도전으로 행운의 확률을 높인 때문이다. 지금은 다른 사람들과 값진 경험을 공유하고 베푸는 삶을 살고 있다. 자신이 자산가이면서 남에게도 좋은 영향을 끼치니 이런 일석이조가 어디 있겠는가.

"꿈이 있는 자는 결코 쓰러지지 않는다. 넘어져도 다시 일어서게 하는 열망이 마음속에 가득 들어 있기 때문이다. 가끔 인생의 길에서 지쳐 쓰러질 때 꿈을 위해, 눈부신 미래를 위해 그 대가를 지불하고 있다고 생각하라."

김태광 작가가 힘든 시절 자신에게 용기를 주기 위해 썼던 시구다. 이 문구는 처음 보자마자 내 마음에 꽂혔다. 나뿐만 아니라 오늘날 힘든 청춘들에게도 큰 동기부여가 될 것이다.

30억 자산가가 되는 버킷리스트를 이루기 위해 오늘도 나는 오뚝이처럼 마음을 다잡고 일어선다. 좌절하거나 시련이 닥칠 때, 밝은 미래를 위한 대가를 지불하는 것이라고 생각해야 한다. 30억 자산가가 되는 것이 그냥 허황된 꿈으로만 끝날지 현실이 될지는 실행해 봐야 한다. 오늘도 나는 30억 자산가가 되는 미래를 매 순간 상상하며 성공의 그릇을 키우기 위해 노력한다.

02

부모님과 함께
세계일주 하기

새벽 4시, 알람이 울렸다. 나는 졸린 눈을 비비고 일어나 학교 갈 준비를 마쳤다. 어머니는 이미 일어나 2개의 도시락을 싸 주셨다.

"일어났니? 아침 도시락 여기 있다. 점심 도시락도 여기. 맛있게 먹어. 잘 갔다 와라. 오늘은 레슨 있으니 잊지 말고."
"네. 다녀오겠습니다."

어머니의 따끈한 도시락을 받아 든 나는 늦을세라 얼른 학교에 가서 피아노 연습실을 맡았다. 집에서 학교까지는 40분 정도 걸렸다. 학교의 연습실은 항상 부족해 새벽에 등교해도 경쟁이 치열했다. 조금이라도 늦으면 그날은 수업이 시작되는 아침 8시까지

넋 놓고 있어야 했다.

나는 조금이라도 더 연습해서 실기시험에서 좋은 등수를 받고 싶었다. 음악회와 콩쿠르 준비도 해야 했다. 내 하루 일과는 새벽 4시에 일어나서 연습하고, 학교 수업을 듣고, 또 연습하는 것이었다. 밤에는 아파트 층간소음이 문제가 되니 동네 피아노 학원을 대여해 연습했다. 피아노 연습은 새벽 2시까지 이어졌다. 예술 고등학교에서 음악을 전공하는 3년 동안 반복된 일상이었다.

예술 고등학교에서 대학입시를 준비하는 경쟁의 치열함은 상상할 수 없을 정도였다. 매 학기 실기시험에서는 0.1점 차이에도 등수가 몇 등씩 떨어졌다. 물론 이러한 것들은 대입을 위한 성적표에 반영되었다. 피나는 노력은 계속되었다. 멋있게 연주하는 이면에는 엄청난 연습과 경쟁이 존재했다. 친구들은 연습시간을 줄여서 말하거나 연습을 했어도 하지 않았다고 말했다.

어느 날 저녁, 나는 친구 K네 집에 전화했다.

"여보세요. K 친구 민경인데요. K와 통화할 수 있을까요?"

"민경이구나. K 지금 학교 갔다 와서 잔다. 일어나면 전화하라고 할까?"

"괜찮아요. 내일 학교에서 볼게요. 안녕히 계세요."

분명 수화기 너머로 피아노 소리가 선명하게 들렸다. 정말 K가 잤으면 피아노 연습 소리는 왜 들렸는지 의아했다. 이런 일은 한 두 번이 아니었고, 난 K와 통화가 된 적이 한 번도 없었다. 다음 날, K는 시창·청음 시간에 나에게 말했다.

"어제 자느라 하나도 연습하지 못했어."
"나 어제 너한테 전화했었는데."
"아. 오늘 아침까지 자느라."
"응. 그렇구나."

나는 시큰둥하게 대답했다. 연습했다고 말하면 안 되는 건지, 왜 거짓말까지 하는 건지 친한 친구로서 섭섭했다. 우리는 서로가 서로의 경쟁자였다. 친구지만 같은 콩쿠르에 나가 상을 받기 위해 경쟁했다. 3년 동안 나는 많이 지쳐 갔고, 회의감이 들었다. 음악을 사랑하던 내 마음도 조금씩 사그라지고 있는 것을 느꼈다.

'내가 왜 음악을 이런 식으로 하고 있는 거지? 음악을 사랑해서 시작한 건데, 사랑할 수가 없네. 피아노 치는 것을 좋아해서 시작한 건데, 왜 이겨야겠다는 마음만 드는 거지?'

나는 음악을 즐기는 것이 아니라 실수 없이 손가락만 잘 돌아가게 기계처럼 연습하고 있었다. 24시간 365일 나는 항상 피아노와 같이 있었다. 물론 내 옆에는 응원해 주는 가족이 있었다. 특히 나와 같이 밤잠도 못 주무시는 어머니가 계셨다. 어머니의 스케줄은 항상 나의 실기시험이나 콩쿠르 날짜에 맞춰졌다.

어느 날, 저녁을 먹고 거실을 지나가다 TV 뉴스에서 여행에 관한 소식을 전하는 것을 봤다. 콩쿠르 준비에 예민해진 나는 "아, 나도 여행 가고 싶다. 다들 휴가 때 가던데 우리 가족은 어디 안 가요?"라고 물었다. 어머니는 "너 연습해야지, 어디를 가? 며칠 쉬면 손가락이 굳잖니. 다들 12시간씩 연습하는데 우리도 그냥 집에 있어야지."라고 대답하셨다. 맞는 말씀이었다. 여행을 가고 싶지만, 여행 가느라 일주일 정도만 연습을 못해도 남보다 뒤처질까 봐 불안했다. 일주일 정도 연습을 하지 않으면 그동안 갈고닦았던 테크닉이 조금씩 무너지고 손가락 움직임이 둔해진다. '하루를 연습하지 않으면 내가 알고, 이틀을 연습하지 않으면 가족이 알고, 사흘을 연습하지 않으면 이웃이 안다'라고 말할 정도로 예술인의 생활은 치열하다.

나의 생활 패턴은 가족에게도 영향을 미쳤다. 나의 실기시험 기간이면 가족들은 집에 조용히 있었고, 콩쿠르 기간에는 연습곡을 수만 번 들어야 했다. 혹여나 거실을 지나치다가 내가 TV를 보고 싶어 할까 봐 가족들은 TV도 마음대로 켜지 못했다. 그들도 마음 편히 TV도 보고 싶고, 하고 싶었던 것들도 많았을 것이다. 다른 평범한 가족들처럼 다 같이 여행을 가고 싶었을 것이다.

유명한 운동선수나 음악가를 볼 때마다 그 가족들이 얼마나 많은 희생을 했을지 상상된다. 특히 부모의 희생은 이루 말할 수 없을 것이다. 나는 수많은 예술가 중에서 유일한 한 명이 되기 위해 가족들이 희생하는 것을 당연하게 여겼는지도 모른다. 가족이 자유를 누리지 못하고 하고 싶은 것들을 참고 지냈다는 것을 안다. 그래서 아직도 나로 인해 힘겨웠을 가족들에게 미안함을 가지고 있다.

나는 지금 음악이 아닌, 내가 좋아하는 일을 하고 있다. 더 이상 시간을 아껴 가며 방 안에서 혼자 피아노 연습을 하지 않는다. 음악을 그만두니 마음이 홀가분해졌다. 회의감이 들었던 음악도 취미로 대하며 즐길 수 있게 되었다. 또한 사회생활을 하며 다양한 사람들을 만나고 교류한다. 많은 것을 배우며 활기차게 살고 있다.

시야가 넓어지면서 세상이 참 넓다는 것을 깨달았다. 해외로 출장을 다니고, 해외유학을 한 경험을 바탕으로 견문을 넓혀 갔다. 내가 다녀온 나라들을 세계지도에 표시하면서 새로운 꿈이 생겼다. 바로 부모님과 마음 편히 여유로운 세계일주를 하는 것이다. 여행을 누구보다 사랑하시는 부모님과 같이 여행을 다녀 볼 기회와 시간을 놓친 것이 많이 안타깝다.

아직도 부모님은 굉장히 바쁘게 지내시고 건강이 좋지 않으시다. 하지만 조금이라도 시간을 낼 수만 있고 건강이 회복되신다면, 부모님께 꼭 세계일주를 선물로 드리고 싶다. 마음 편하고 몸편하게 진짜 재미있는 여행을 한다는 것은 상상만 해도 행복한일이다. 무언가를 간절히 원하면 우주가 들어준다는 말이 있다. 나는 오늘도 가족과의 세계일주를 간절히 원한다. 그 꿈이 이루어지기를 소망하며 상상을 멈추지 않을 것이다.

03

청담동 빌딩 구입해서
하고 싶은 것 마음껏 하기

　나에게는 부동산 스터디에서 만난 4명의 또래 친구들이 있다. 그들은 대기업에서 모두 잘나가고 있거나, 경쟁률 높은 시험에 통과해서 공기업에 다니고 있다. 사회의 스마트한 인재들인 동시에 경제 이슈에 매우 밝다. 구체적인 미래 계획을 세우며 열심히 살아간다. 살아온 환경이 서로 다름에도 불구하고 우리는 금세 친해졌다. 바로 부동산이라는 공통 관심사 때문이다. 우리는 주말마다 만나서 같이 현장을 다녔고 경매를 공부했다. 유명한 부동산 전문가들의 특강과 세미나에도 참석했다. 4명 중 누군가가 경매 물건을 골라 놓으면 아무리 멀어도 같이 보러 가기도 했다. 광대한 부동산 정보 습득과 힘든 현장 조사도 뜻이 맞는 4명이 같이 하니 시간 가는 줄 몰랐다.

우리는 이런 과정을 매 주말 계속했고, 어느 순간 그 노력이 빛을 발하기 시작했다. 드디어 한 명씩 경매에 낙찰이 되기도 했고, 부동산을 한 채씩 매수하기 시작했다. 속도를 내며 부동산을 매수한 결과, 그들은 지금 부동산을 몇 채씩 보유하게 되었다. 경매의 장점을 잘 활용해서 부동산을 싸고 빠르게 매수해 세입자도 들였다. 적정한 월세라서 들어오려는 세입자들은 넘쳐 났고, 경매에서 낙찰받은 부동산은 높은 수익률을 유지하고 있다. 현재 그들은 다세대주택, 아파트, 상가, 토지를 넘나들며 활동 영역을 부지런히 넓히고 있다. 우리는 항상 정보를 공유하며 서로를 응원한다.

"전 토요일에 공매 수업 들으러 가요."

"난 어제 부동산 전문가 P가 하는 재개발 특강 들었어. 단톡방에 내용 공유할게."

"나 바빠서 이거 지금 말하는데 공투로 종로에 물건 한 개 샀어. 종로라서 그냥 토지 지분 가치를 보고 샀어. 지금 계약하러 가는 중이야. 나중에 만나서 얘기할게."

이렇게 그들은 멈추지 않고 마라톤 선수처럼 꾸준히 나아가고 있다. 하지만 부동산을 매수하고 매도하는 과정이 항상 쉽지만은 않았다. 모두 직장인임에도 경매를 할 때면 주중에라도 시간을 내야 했다. 물론 대리 입찰도 있지만, 경매가 여러 건이 있을 때는 휴가를 내고 직접 참여했다. 경매에 낙찰이 되었다는 기쁨도 잠시, 명도할 때 세입자와의 갈등도 있었다. 또한 비성수기와 성수기의 부동산 가격이 다름을 인지해야 했고, 타이밍도 잘 살펴야 했다. 그들은 타이트한 스케줄의 대기업 직장인으로서 업무량이 많음에도 불구하고 묵묵히 부동산 투자를 해 나갔다. 나 또한 힘든 과정들을 거쳤다. 급매로 내놓은 뒤 시세가 올랐다며 가격을 며칠 만에 올리는 매도자도 있었다.

어느 날, 지역과 매수금액이 맘에 들어서 계약금을 내려던 찰나였다. 부동산 중개소 대표가 전화 통화 후 내게 말했다.

"지금 매도자가 안 판다고 하네요. 조금 더 오를 것 같아서 물건을 거둬들인대요."

"네? 갑자기요?"

"네. 계약금 보낸다고 통장번호 물어보는데 말을 바꾸네요."

"그러면 결국 매도를 안 한다는 건가요?"

부동산 시세가 급등하자 더 오를 것 같다고 판단한 매도자가 매도를 거부한 것이다.

매도자뿐만 아니라, 세입자 관리도 만만치는 않았다. "빌트인 냉장고가 작동이 안 되는데 고칠 테니 수리비 주세요.", "월세가 조금 비싼데 깎아 주시면 안 돼요?" 등, 잔금 당일에 갑자기 월세를 깎아 달라고 무리한 요구를 하거나, 집 안의 소소한 것들도 다 수리해 달라며 수리비를 청구했다.

나는 이런저런 일들을 겪으면서 많은 것들을 배웠고, 단단해 졌다. 처음에는 부동산처럼 금액이 큰 물건을 구입한다는 것 자체가 두려웠다. '혹시 실수라도 하면 어쩌지', '부동산 사기를 당하는 건 아니지?', '계약 잘못한 건 아니겠지?' 등 오만 가지 생각이 다 들었다. 심지어는 첫 계약을 하고 온 날 내가 계약서를 제대로 작성했는지 날이 새도록 들여다본 적도 있었다. 가끔은 부동산을 계약하는 꿈을 꾸기도 했다. 이런 경험들을 하나씩 쌓으면서 나는 어느새 부동산 임대 관련 일처리에 능숙해져 가고 있는 것을 느꼈다.

그래서 나는 또 다른 꿈을 꾼다. 마흔 살이 되는 해에 청담동에 빌딩 한 채를 구입할 것이다. 나만의 콘셉트를 정해 층별로 일할 수 있는 환경을 만들고 임대를 주고 싶다. 5층짜리 빌딩을 구입해 1층은 북카페, 2층은 내 작업실, 3층은 아카데미로 만들고, 4층과 5층은 다른 회사에 임대를 줄 것이다.

나는 책이 가득한 공간에서 평생 책을 쓰는 작가로 남고 싶다. 1층의 북카페는 그런 나의 꿈의 공간이 되어 세속해서 글을 쓰게 하는 에너지를 줄 것이다. 또한 많은 신인작가들이 좋은 글을 쓸 수 있는 공간으로 만들고 싶다. 사람과 책을 연결해 주는 공간이라니 얼마나 멋진가.

얼마 전, 방송인 노홍철이 해방촌에 '철든 책방'이라는 작은 서점을 오픈했다는 기사를 읽었다. 노홍철 본인의 스타일대로 인테리어를 하고 자신이 읽었던 책들을 모두 가져다 놓았다고 한다. 안락한 소파와 미국 도서관에서 사용하는 책상도 있었다.

이 기사를 접하고 나도 언젠가는 나만의 콘셉트대로 꾸민 북카페를 가지고 싶다는 욕망을 품게 되었다. 내가 원하는 인테리어로 공간을 만들어서 작가로서 글을 계속 쓸 것이다. 글을 쓰기 위해 종종 장소를 전환하는 내가 24시간 카페를 전전하지 않아도 된다니, 생각만 해도 이루 말할 수 없을 정도로 좋다.

2층은 내 작업실로 만들어서 업무도 보고, 부동산 스터디를 함께했던 친구들과 토론하는 장소로도 사용할 것이다. 각자 부동산의 한 분야씩을 맡아서 연구하며 지도를 크게 붙여 놓고 부동산 정보를 공유하는 모습은 상상만 해도 행복하다. 부동산을 생계의 수단이나 업으로 보는 것이 아닌, 취미로 대하는 사람들의 모임은 더욱 즐겁다. 3층에는 취업아카데미를 설립해 취업난으로 힘들어하는 청년들을 돕고 싶다. 취업 스터디 장소를 제공하고 취업과 진로 분야의 컨설팅을 진행할 것이다. 이렇게 내가 하고 싶은 것들을 할 수 있는 공간들을 제외한 다른 층들은 임대를 줄 것이다.

누구나 시작이 어렵고 두렵다. 하지만 극복하고 나면 점차 좋은 일이 생긴다. 극복하지 않고 도전하지 않으면 아무 일도 일어나지 않는다. 나와 친구들은 모두 30대 초·중반이고 나름 사회에서 인정받는 젊은이들이다. 처음 우리가 만났을 때 내 친구들은 평범하게 살아가는 월급쟁이였다. 하지만 지금은 모두 부동산 몇 채의 주인이 되어 있고 매달 월세가 꼬박꼬박 들어온다. 하지만 이것은 작은 시작에 불과하다. 아직 30대 초·중반임에도 이 정도 이뤘으니 이 마라톤을 완주하는 날의 우리의 미래가 더 기대된다.

40세에는 청담동 빌딩 한 채를 매입해 각 층에 북카페, 작업실, 아카데미 등을 열 것이다. 지금 가지고 싶은 것을 못 가졌다고 불평하는 것이 아니라 40세까지 마라톤을 완주해 꿈을 이루는 것이 내 목표다. 뭐든 첫술에 배부를 수는 없는 법이니까.

많이 기부하고
기부캠페인에 동참하기

"여기 상황이 어린이들에게 너무 열악해요."

"식수 펌프가 설치되어야 할 것 같아요."

"문구류와 책가방들을 선물로 가지고 왔어요."

"여기 아이들은 먹을 것이 없어서 일을 하느라 학교를 못 가요."

"이 일은 아이들이 할 것이 못 돼요. 고되고 위험합니다."

"하지만 아이들은 꿈이 있고 나중에 하고 싶은 것도 있어요."

"영양실조에 걸린 아기들이 많아요."

"병원에 가서 백신을 맞아야 하는데 돈도 없고 병원이 너무 멀어요."

우리는 연예인들이 아프리카 등 오지에서 봉사하는 모습을

TV 프로그램을 통해 종종 볼 수 있다. 연예인들은 오지에서 현지인들과 같이 생활하면서 아이들이 하는 일도 같이 하고 그 일이 얼마나 고된 일인지 깨닫는다. 물이 없어 멀리까지 물을 길러 걸어갔다 오는 아이들과 같이 길을 나선 한 연예인은 물지게를 지고 오면서 힘겨워했다. 함께 지내는 동안 아이들과 정이 들어 헤어질 때는 눈물을 보이며 선물을 주기도 했다.

나는 이런 프로그램을 챙겨 보는 편이다. 나도 언젠가는 직접 이런 데 가서 봉사하고 싶다는 생각을 한다. 석탄을 캐느라 학교에 못 가는 어린이들, 돈이 없어 영양실조에 걸린 어린이들, 움막 같은 집에서 열악하게 사는 아이들이 아직도 많다. 프로그램을 보다가 어린이들의 고통과 열악한 환경에 마음이 아픈 나머지 어느새 내 손가락은 ARS 전화번호를 누르고 있다. TV 화면에서 전화 기부금액의 숫자가 올라가는 것을 볼 수 있다.

'저 어린이들이 충분히 치료를 받을 수 있을까?', '그토록 원하는 교육을 받을 수 있을까?'라는 생각을 하며 두근거리는 가슴으로 프로그램을 지켜본다. 기부 단체들이 많지만 나는 주로 유니세프와 유네스코에 기부한다. 이 두 기관은 주로 어린이들의 생명을 구하고, 아이들의 삶이나 교육, 문맹과 빈곤을 개선하는 일에 중점을 두고 있다. 비록 많지 않은 액수지만 조금이라노 그들에게 예방접종, 백신, 깨끗한 식수 등을 지원하는 데 보탬이 되기를 원한다.

얼마 전 연기자 윤시윤이 〈희망 TV SBS〉라는 프로그램을 통해 전문가들과 함께 아프리카에 다녀온 것을 보았다. 그는 야외취침을 하면서 아프리카인들과 같이 생활했다. 또한 식수와 교육의 중요성을 깨우쳐 주는 내용을 보여 주었다. 아프리카 어린이들에게도 저마다 꿈이 있었다. 의사가 되고 싶다고 하거나 선생님이 되고 싶다고 했다. 교육받기를 원하는 열정이 먼 타국의 시청자인 나에게까지 전해졌다. 이 프로그램을 본 뒤로 나는 기부를 하기 시작했다.

나는 유니세프 사이트에 들어가서 생명을 구하는 선물을 고른다. 그러면 돈을 무작정 기부하기보다 구호물품들을 구입해 보낼 수 있다. 내가 가장 중요하다고 생각하며 구입하는 구호물품에는 식수 정화제, 영양실조 치료식, 홍역예방백신, 백신꾸러미 등이 있다. 홍역은 백신으로 쉽게 예방할 수 있는 질병이지만 백신이 부족해 매일 많은 어린이들이 홍역으로 목숨을 잃고 있다. 내가 이 백신을 구입하면 50명 또는 100명의 어린이들에게 홍역예방백신을 접종할 수 있다. 전염병이 난무하는 지역의 보건 활동을 조금이라도 돕고 싶어서 하는 행동이다. 나 스스로도 사소한 기부라고 생각할 때가 있다. 하지만 지구 저편에서는 큰 선물이 될 수 있다고 믿으면서 생각한 바를 행동으로 옮긴다.

다른 국가의 힘든 어린이들에게 관심이 많던 나는 얼마 전 한 소녀의 기사를 접했다. 내전 상황 속에서 트위터로 자신의 생사를 전하는 '바나'라는 소녀에 대한 이야기다. 시리아 알레포에서 생사를 전하는 바나의 이야기는 전 세계에 알려져 세계 각국에서 응원의 메시지가 모여들었다. 그녀는 "전쟁을 잊기 위해 공부를 하고 있다.", "전 아직 살아 있어요.", "폭탄을 맞은 제 친구의 집이에요. 친구는 죽었어요. 친구가 너무 보고 싶어요." 등 트위터를 통해 실시간으로 자신의 소식을 전하고 있다.

8만 명의 팔로워에게 일상을 전하는 소녀는 2016년 11월 3일 트위터에 "러시아가 뿌린 전단지에 따르면 4일이 우리가 살 수 있는 마지막 기회예요. 만약 우리가 내일까지 이곳을 벗어나지 못하면, 우리가 살지 죽을지 아무도 몰라요. 우리를 위해 기도해 주세요."라고 소식을 남겼다. 그 이후 바나는 "안녕하세요. 전 아직 살아 있어요. 저를 걱정해 준 모든 사람들에게 감사드립니다."라며 트위터로 소식을 알렸다.

나는 이런 소식을 접할 때마다 마음이 많이 아팠다. 그녀가 살아 있다는 소식에 안도의 숨만 내쉴 뿐이었다. 바나는 한창 친구들과 뛰어놀고 공부할 나이에 생사의 기로에서 힘들게 버티고 있었다. 내전 속에서 하루하루를 살아가는 것이 얼마나 불안한 일일지 쉽게 상상이 되지 않는다. 나는 고작 얼마 정도의 기부금으로 조금이나마 그녀를 도울 수 있기를 바랄 뿐이다. 반군의 공격으로 황폐해진 알레포에서는 수백 명의 사람들이 계속 죽임을 당하고 있다. 그곳의 소녀에게 학교와 교육이란 먼 나라의 이야기일 뿐이다.

최근 유니세프는 포위 지역 어린이를 포함한, 시리아 내 250만 명의 어린이들이 다시 교육을 받을 수 있도록 '학교 돌아가기(back to the school)' 캠페인을 전개하고 있다고 한다. 언젠가는 나도 이 캠페인에 꼭 동참하고 싶다. 많이 동참할수록 이 캠페인의 영향력은 커지고 현실화될 수 있기 때문이다.

아직 우리나라에는 기부문화가 널리 자리 잡혀 있지 않다. 그것은 아마 사회적·정치적인 영향이 클 것이다. 일반적으로 많은 국민들은 열심히 일하며 월급을 받는다. 그에 따른 세금도 내고, 생활비, 양육비, 교육비 등 드는 돈이 많은 것이 현실이다. 열심히 일해서 월급을 받았다고 생각했는데 월급은 그냥 통장을 스쳐 지나간다. 게다가 정치적인 비리로 인해 부과되는 과중한 세금은 다 국민들 몫이 되었다. 지금도 '최순실 게이트'로 어마어마한 자금이 한 사람에게 집중되었고 그 돈이 국민들의 세금이었다는 사실이 전해지면서 점점 사회와 서로에 대한 불신이 커지고 있다.

내가 기부에 대해 이야기하면 대부분의 사람들은 이런 반응을 보인다.

"연말 정산 때문에 그러니?"

"돈 내 봤자 요즘 시대에 그 돈이 아프리카의 불쌍한 애들한 테 진짜 전해질지 어떻게 알아? 믿을 수가 없어."

"기부해 봤자 티도 안 나잖아. 나 쓸 돈도 부족해."

"내가 낸 세금은 정치인들 배불리는 데 쓰이잖아? 어떤 단체 든 믿을 수가 있어야지."

하지만 어떠한 일이 일어나도 기부에 대해서는 자신의 신념대 로 행동해야 한다고 믿는다. 작은 기부가 한 어린이에게 큰 희망 을 줄 수 있는 법이니까.

세계에 한국 문화를
알리는 메신저 되기

오후 2시, 학교 종이 울리자 학생들이 교실에서 쏟아져 나오기 시작했다. 나는 뉴욕 브루클린 지역의 한 중학교에서 방과 후 수업을 지도했다. 미국으로 유학 가서 몇 년이 흘렀지만 미국 학생들을 가르치는 것은 처음이어서 가슴이 두근거렸다.

학생들은 아직 아무도 교실에 오지 않았다. 나는 이 오후 수업에서 한국 문화를 알리고자 한국 음식, 한국 연예인 등의 정보가 포함된 자료를 준비했다. 노트북으로 강의 준비를 끝내자 학생들이 하나둘씩 교실로 들어왔다. 방과 후 수업이라서 분위기가 산만했다. 수업이 시작되었다.

"오늘 제가 소개할 나라는 한국입니다. 한국 음식에는 … 있습니다. … 한국의 유명한 월드 스타로는 '비'가 있습니다."

한국 연예인 이야기가 나오자 학생들의 눈빛이 빛났다. 특히 가수 비의 이야기를 하니 학생들은 저마다 아는 척을 했다.

"저 비 노래 알아요!"
"노래가 좋은데 가사 내용이 뭔가요?"
"어느 사이트에 가면 그에 대한 정보를 얻을 수 있나요?"

비가 어느새 월드 스타로 자리매김해 미국의 중학생들에게도 인기가 있다니! 비에 대한 관심은 꼬리를 물고 한국이라는 나라에 대한 질문으로 이어졌다.

"한국에도 추수감사절이 있어요?"
"한국은 왜 남쪽과 북쪽으로 나뉜 거죠?"

나는 한 시간 동안 한국 문화에 대해 설명하면서 즐거웠고 한편으로는 놀라웠다. 내 생각보다 학생들은 한국에 대해 관심이 많았다. 학생들과 대화가 오가는 사이 영어에 대한 나의 두려움은 사라졌다. 영어로 누군가를 잘 가르칠 수 있다는 자신감도 얻었다. 또한 우리나라에 대해서 외국인에게 정확하게 설명할 수 있다는 사실에 무척 기뻤다. 수업이 끝날 무렵에 학생들과 나는 이미 하나가 된 듯 친해져 분위기가 화기애애했다. 이 수업 이후로 나는 외국인들에게 우리나라에 대해 설명하는 것을 좋아하게 되었다.

　내가 본 미국은 확실히 한국과 문화적인 면에서 차이가 많이 났다. 잠깐의 관광만으로 미국을 가 본 사람들은 문화적 차이를 거의 느끼지 못했다고 이야기한다. 하지만 미국인들 사회에 소속되어 그들과 한 공간에서 같이 생활하고 공부하며 지내다 보면 현저한 문화적 차이를 느낄 수 있다. 먹는 것, 입는 것, 유머 코드, 생활 패턴, 교육 등 사소한 모든 것들에서 다름을 느꼈다. 특히 나는 뉴욕대학교를 다닐 때 전공인 미디어 커뮤니케이션 학과에서 유일한 한국인이었다. 한국인으로서 그들과 같이 수업을 듣고 밥을 먹고 기숙사에서 생활하면서 다른 점을 많이 느꼈다.

　나는 항상 '미국 친구들과 어떻게 하면 친하게 지낼 수 있을까, 어떻게 말하면 오해하지 않을까'라는 생각을 하며 지냈다. 한국에 대해서 물어보는 친구들이 있거나 수업 중에 한국이 잠깐 거론될 때가 있었다. 그럴 때면 내가 아는 한에서 자세하고 친절하게 설명했다. 그래서인지 한국에 대해 좋은 인식을 갖게 된 친구들 몇 명이 방학 동안 한국에 잠시 여행을 오기도 했다. 6·25전쟁과 북한에 대해서만 들었던 그들은 한국에 여행 와서 매우 놀라워했다.

"한국이 이렇게 좋은 곳인지 몰랐어."

"볼거리도 많고 맛있는 음식도 너무 많네."

"CNN에서는 북한 이야기를 많이 해서 남한도 위험한 곳인 줄 알았어."

나는 한국에서도 오래 살았고 미국에서도 오래 생활했다. 미국에서는 한국 친구들을 많이 사귀지 못했고 주로 미국 친구들과 지냈다. 기숙사에 한국인이 없었고 과에도 한국인이 없었기 때문이다. 모든 생활을 미국 친구들과 하다 보니 문화적 다름을 몸소 체험했고 자연적으로 그 다름을 습득하게 되었다.

추수감사절에는 미국 친구의 집에 초대받아 전통적인 미국식 추수감사절을 보냈다. 그곳에서 나는 친구와 그 가족들에게 한국의 추석에 대해서 설명했고 한국 음식들에 대해서도 이야기했다. 그들은 많은 관심을 보이며 다음에는 한국에서 추석 때 먹는 음식을 같이 만들어 보자는 계획도 세웠다.

나는 학교에서든 학교 밖에서든 한국에 대해서 홍보하고 한국인으로서 바른 이미지를 보여 주는 것에 큰 보람과 재미를 느꼈다. 또한 양쪽 문화를 습득한 나는 브루클린에서 중학생들을 가르친 것을 계기로 더 많은 외국인들에게 한국 문화를 알리고 싶다는 목표를 세웠다. 이 목표는 내가 한국으로 돌아온 이후에도 이어졌다.

　나는 충청남도 서천군 다문화센터에서 강의를 했다. 외국인 여성을 대상으로 한 '커리어우먼의 이미지메이킹' 강의로, 외국인이 한국에 와서 적응을 잘할 수 있도록 도와주는 프로그램이었다. 수강자들은 한국으로 오기 전, 각자의 나라에서도 일한 경력이 있었다. 하지만 한국에서 외국인 여성이 커리어우먼으로서 살아가기란 쉽지 않다.

　한국말이 아직 완전하지 않은 그들에게 나는 영어로 설명했다. 그들이 제일 알고 싶어 하는 것은 한국 문화의 특징과 한국의 직업에 대한 것이었다. 실습처럼 진행된 면접 이미지메이킹에 대한 강의는 가장 반응이 뜨거웠다.

　"한국에서는 면접 때 머리를 어떻게 하면 좋아요? 화장은 어떻게 할까요?"

　"어떤 스타일이 더 커리어우먼같이 보일까요?"

　"저에게 맞는 스카프 색깔은 뭐예요? 정장을 입을 때 같이 매면 좋을 것 같아서요."

　"이 구두 색깔은 좀 너무 밝은가요?"

　"한국에서 사용해야 하는 존댓말이 어려워요. 누구한테까지만 쓰면 되나요?"

그들은 많은 질문을 했다. 내가 아는 것을 영어로 차근차근 설명해 줄 수 있어서 무척 기뻤다. 조금이라도 그들에게 도움이 되기를 바랐다.

다른 나라 사람들에게 우리나라를 홍보할 수 있는 것은 정말 뿌듯한 일이다. 그 나라의 음식, 문화, 음악, 명절 등을 알리는 것이 곧 나라를 홍보하는 일이기 때문이다. 미국에서 유학생으로 있을 때는 학생 신분이어서 이런 활동을 자유롭게 하지 못했다. 하지만 지금은 작은 활동이라도 외국인들에게 한국 문화에 대해 설명할 수 있어서 행복하다.

단 몇 시간 만에 다른 나라를 쉽게 오갈 수 있는 시대다. 그만큼 문화적 교류와 정보의 교류가 빈번해졌다. '세계는 하나'라는 말은 과언이 아니다. 내가 미국에서 한국으로 돌아온 것처럼 우리나라에 온 외국인들도 언젠가는 그들의 나라로 돌아간다. 한 사람의 한 나라에 대한 좋은 경험과 기억은 많은 사람들에게 퍼져나가게 마련이다.

내가 미국 문화에 친숙해지도록 많은 사람들이 도움을 줬듯이, 한국에 있는 외국인들도 한국 문화에 대해 좋은 경험을 했으면 하는 바람이다. 다른 문화에 대한 좋은 경험들은 가치를 매길 수 없는 소중한 것이다. 나는 계속 한국 문화를 알리는 메신저 역할을 할 것이다. 정말 가치 있고 뿌듯한 일이라고 믿는다. 작은 불씨가 큰 불이 되듯 시작은 작더라도 널리 퍼져 나갈 것이다.

버 킷 리 스 트 10

Chapter 3

소통하는 세계적인
사진 멘토 되기

· 조안 양 ·

조안 양

국제 사진기획자, 큐레이터, Y&G 아트 디렉터, 글로벌 사진 미디어 협회 대표

현재 다양한 사진전시를 기획하며 국제 사진기획자, 큐레이터로 활동 중이다. 한국인 최초 〈뉴욕타임스〉지 사진리뷰 심사위원을 비롯해 미국, 유럽, 아시아 등 전 세계 주요 15개국 국제 사진행사의 리뷰어 및 심사위원으로 참여하고 있다. 또한 현재 독일 유럽피안 포토그래피 편집위원을 역임하고 있으며, 국내외 잡지에 칼럼을 기고하고 있다.

E-mail yngjoanne@gmail.com
Homepage www.gphotoma.org

소통하는
세계적 사진 멘토 되기

"안녕하세요. 국제 사진기획자, 사진 큐레이터 조안 양정아입
니다."

나를 소개할 때 하는 말이다. 내 직업을 이야기할 때마다 사람
들은 많은 관심을 갖고 어떤 일인지 물어 보곤 한다.

보통 사진기획자, 큐레이터는 사진 전시를 포함해 사진과 관련
된 일들을 기획하는 사람이다. 국제 사진기획자는 주로 국제무대
에서 활동하며 국제 사진 전시, 행사 등 해외 사진과 관련된 일들
을 기획하는 사람을 말한다.

보통은 국제 사진기획자라는 단어가 매우 생소하게 느껴질 것
이다. 우리나라에는 이 일을 하는 사람이 거의 없기 때문이다. 국

제 사진기획자가 되려면 영어는 기본이고 도전정신과 많은 사진 관련 경험이 필요하다.

특히 국제 기획자로서 국내가 아닌 해외에서 일을 한다는 것은 다른 사람들이 이미 만들어 놓은 길을 가는 것이 아니라, 대부분의 길을 스스로 만들어 나가야 한다는 뜻이다. 이는 열정과 용기 그리고 도전정신이 없으면 불가능한 일이다.

나는 지금까지 차근차근 사진 경력을 쌓아 왔다. 사진작가, 영국 객원기자, 사진편집장 외에도 디렉터, 리뷰어, 심사위원 등 사진과 관련한 다양한 일을 했다. 그동안 신진작가부터 세계적 사진작가까지 수많은 사진작가들의 인터뷰를 진행하기도 했다. 사진기획은 물론 국내외 사진작가들의 포트폴리오 리뷰와 심사를 하며 조언과 작품 평을 꾸준히 하고 있다.

사진작가의 사진 인생과 성공을 달리기로 비유하지면 장거리 마라톤과 같다. 한 번에 전력 질주해야 하는 단거리 경주가 아니다. 더 멀리 가기 위해 구간대로 전략을 세워 어떤 부분에서 스피드를 내야 할지 생각하고 실천해야 한다. 단거리 경주처럼 전력 질주하다 보면 얼마 못 가서 지쳐 버리기 때문이다. 사진작가가 성공적으로 사진의 길을 가기 위해서는 뚜렷한 목표 설정과 그에 따른 전략 그리고 가이드가 필요하다. 많은 사진작가들이 사진 인생의 꿈과 성공을 위한 마라톤 경주 도중 쉽게 포기하거나 낙담

하는 이유는 명확한 꿈과 목표의 부재 그리고 정신적 멘토의 부재 때문이라고 생각한다. 이는 내가 국내외의 많은 사진작가들을 직접 만나고 조언과 컨설팅을 해 주면서 느꼈던 점이다.

올해 나는 미국의 최대 사진 행사인 휴스턴 포토페스트에 초청되어 전 세계 사진작가들을 만났다. 지금까지 8년 동안 연속으로 초청받아 참여했는데, 그동안 이곳에서 만난 사진작가들만 해도 수백 명에 달한다. 휴스턴 포토페스트는 1986년 미국 휴스턴에서 시작되어 2년마다 격년제로 열리는 사진 행사다. 그중 포트폴리오 리뷰는 사진작가들에게 국제적인 작가로 성장할 수 있는 기회를 마련해 주는 특별한 프로그램이다. 전 세계에서 리뷰어로 초청받아 온 사진기획자, 편집장 등 사진 관련 인사들이 사진작가를 만나 그들의 작품을 평하고 조언해 주는 자리이기도 하다. 사진작가들은 정성껏 준비해 온 포트폴리오를 보여 주고 리뷰어들은 그에 대한 조언과 작품 평을 해 주면서 뛰어난 사진작가를 발굴하기도 한다.

나는 그곳에서 전 세계의 많은 사진작가들에게 조언을 해 주며 작품에 대한 많은 이야기를 나눌 수 있었다. 한번은 명단에 있는 사진작가들을 모두 만나고 나서 자리를 정리하고 나가려던 중에 한 사진작가가 나에게 다가와 작품을 보여 주고 싶다고 했다. 보통은 행사 중 명단에 있는 사진작가들만 만나는 게 원칙이다.

이미 명단에 있던 사진작가들을 다 만난 터라 매우 피곤한 상태였다. 하지만 그의 부탁을 거절할 수가 없어 작품을 봐 주었다. 그는 그동안 다른 기획자들에게 좋은 평을 듣지 못했는지 유난히 자신감이 없어 보였다. 그는 유일한 아시아 사람인 내게 마지막으로 의견과 작품 평을 들으려 한다고 했다. 그리고 혹시나 다른 관점으로 작품을 봐 주지 않을까 하는 작은 희망을 가지고 용기를 냈다고 했다.

그의 작품은 눈에 띌 만큼 뛰어나진 않았다. 하지만 나는 최대한 장점만을 보려고 노력했다. 더 잘할 수 있다는 긍정적인 말로 그에게 자신감과 희망을 주고 싶었다. 그래서 단점보다는 장점을 찾아 하나하나 이야기해 주었다. 그는 나의 리뷰가 끝나자마자 희망을 줘서 고맙다는 말을 연신 쏟아 내며 더 열심히 하겠다고 했다. 빡빡한 일정으로 몸은 매우 피곤했지만 감사해하는 그의 모습을 보니 피곤함은 눈 녹듯 사라지고 뿌듯함만이 남았다.

이렇게 나는 심사와 포트폴리오 리뷰를 하기 위해 국내 및 해외 사진 현장에서 다양한 사진작가들을 만난다. 개중에는 창의력이 뛰어나고 열심히 작업을 하는데도 불구하고 그 실력을 잘 인정받지 못하는 경우가 있다. 안타까운 일이다. 그들에게 도움을 주고 희망을 주는 멘토로서 성공의 길을 가는 방법을 알려 주고 싶다.

나는 지금도 Y&G Art, 글로벌 사진미디어협회의 디렉터, 대표를 맡아 사진작가들과 교류하면서 그들의 꿈과 성공을 이루어 주기 위한 컨설팅을 꾸준히 하고 있다. 하지만 이보다 더 나아가 소통하는 국민적, 세계적 사진 멘토라는 또 하나의 타이틀을 얻어 그들을 적극적으로 돕고 소통하며 희망과 용기를 주고자 한다.

믿는 대로 이루어진다. 지금보다 더 나아질 거라고 긍정적인 이야기를 해 주고 그것을 믿는다면 그대로 이루어질 수 있다. 자신이 분명 그렇게 된다는 믿음을 가져야 하겠지만 그러기 위해서는 누군가 긍정의 말, 희망의 말을 해 주고 믿음을 줘야 한다. 그래서 멘토가 필요한 것이다. 내가 사진작가들을 돕는 세계적 사진 멘토가 되고자 하는 이유이기도 하다.

얼마 전 나는 한 사진작가로부터 메일을 받았다. 메일에는 진로에 대한 고충이 잘 나타나 있었다. 그는 대학에서 사진을 전공하지는 않았지만 사진을 시작한 지는 꽤 오래되어 국내에서는 어느 정도 인지도가 있었다. 하지만 지금까지 전시에만 몰두한 나머지 미래 계획을 제대로 세우지 않고 있었다. 전시만 많이 해서는 미래가 잘 보이지 않는다고 했다. 어떻게 하면 해외로 진출할 수 있는지, 전시만 하고 끝나는 것이 아니라 어떻게 하면 제대로 성공하는 사진작가가 될 수 있을지 질문과 고민을 털어놓았다. 이것은 그만의 고민은 아닐 것이다. 많은 사진작가들의 고민이기도 하다.

그들에게는 꿈과 목표를 확실하게 잡아 주고 앞으로 나아갈 수 있게 도움을 주는 멘토가 필요하다. 구름이 있어야 붉은 노을이 더 곱게 빛나 보이는 것처럼, 나는 아름다운 인연을 바탕으로 전 세계 사진작가들에게 긍정적인 에너지와 용기, 희망을 주고 싶다. 앞으로 그들에게 영감과 긍정적 에너지를 줄 수 있는 국민적, 세계적 사진 멘토로서의 나의 미래가 기대된다.

02

한국 사진작가들을 위한
후원재단 설립하기

"손님, 다 왔습니다."
'아! 드디어 도착했구나.'

버스에서 내리는 순간 깜짝 놀라 잠시 머뭇거렸다. 커다란 말들이 푸르른 들판을 배경 삼아 내 눈앞에서 뛰놀고 있었다. 이곳은 바로 아이슬란드의 한 소도시 스카가스트론드(skagaströnd)다. 아름다운 자연과 함께 뛰노는 말들 그리고 아기자기한 집들이 마치 예쁜 엽서를 보고 있는 것만 같았다. 나는 아티스트 레지던시 프로그램에 참여하기 위해 이곳 아이슬란드로 왔다.

잠시 후 뿔테 안경을 쓴 금발의 여자가 나타났다. 아티스트 레지던시를 책임지는 매니저였다. 아티스트 레지던시란 전 세계 예술가들을 위한 프로그램이다. 여러 나라의 특정한 도시에 주거와 예술 공간을 제공해 예술가들이 창작활동에 전념할 수 있도록 지원해 주는 프로그램이다. 주로 정부나 예술재단 그리고 민간 차원에서 운영한다. 짧게는 한 달부터 길게는 1년의 기간 동안 한 나라에 머무르면서 예술 창작활동을 할 수 있다. 보통 이런 레지던시 프로그램은 선발과 추천을 통해 이루어진다. 그 대상은 조각가, 화가, 사진작가, 큐레이터 그리고 글 쓰는 작가이며, 지원이나 추천을 통해 선정된 예술인이라면 누구나 참여할 수 있다.

아이슬란드는 나에게 오지나 다름없었다. 또한 한국인들도 잘 가지 않는 곳이었다. 하지만 나에게 한없이 신선하고 꼭 가 보고 싶은 나라 중 하나였다. 그러던 중 기회가 찾아왔다. 지인을 통해 우연히 알게 되어 지원했던 아이슬란드 아트 레지던시에 덜컥 선발이 된 것이다. 시기도 매우 좋았다. 6월에 시작이었다. 6월이면 말로만 듣던 백야를 직접 경험할 수도 있었다.

내가 있었던 곳은 아이슬란드의 수도 레이캬비크(Reykjavik)에서 버스를 타고 1시간 30분 정도 더 가야 하는 곳이다. 높은 빌딩과 사람들로 항상 붐비는 서울에서 건너온 나에게 아이슬란드의 작은 시골 마을은 매우 평화롭고 조용한 곳이었다. 해가 지면 어두워지는 것이 당연하지만 이곳에선 새벽이 대낮처럼 환했다. 백야였다. 말로만 듣던 신기한 경험을 했다. 밤에 잠을 자려면 창문을 커튼으로 완벽하게 가려야만 했다. 독특하고 재밌는 경험이었다.

예술가들이 공통으로 바라는 것이 있다. 아무 걱정 없이 원하는 작업을 할 수 있는 환경에서 자유롭게 작업에만 몰두하는 것이다. 유럽의 경우 정부 또는 민간 차원에서 예술가들을 매우 적극적으로 후원하고 있다. 특히 북유럽의 경우 스타 예술가들을 키우는 것을 권장하고 예술가들의 활동을 적극적으로 지원한다. 이곳에서 만난 한 핀란드 작가는 민간재단의 후원을 받아 여러 나라를 다니면서 작품을 만들고 전시를 하며 활발한 활동을 하고 있었다. 그중 한 곳이 바로 이곳 아이슬란드인 것이다.

핀란드는 북유럽 국가 중에서는 예술가 지원이 매우 좋은 편이다. 예술가들에 대한 정부의 재정지원과 기초생활지원금 지원이 6개월에서 5년까지 다양한 기간으로 이뤄진다. 그리고 재료비, 렌털비, 교통비 등 프로젝트에 따른 재정지원도 있다. 정부의 지원 외에도 민간기금이 있으며 시스템은 정부기금과 비슷하다. 또한 별도의 기관에서 예술가들을 지원하기도 한다.

하지만 우리나라의 경우는 예술가들을 지원해 주는 곳이 한정되어 있고 경쟁이 치열해 예술가들이 지원을 받는 데 한계가 있다. 나는 이러한 상황을 보면서 한국에 예술가들을 후원하는 재단을 만들어 한국 예술가들이 세계로 뻗어 나갈 수 있도록 다양한 기회를 제공하고 싶다는 생각이 들었다.

해외 경험이 많은 사람들은 세계가 얼마나 빨리 변화하고 글로벌화하고 있는지 더 실감할 것이다. 세상이 급변하고 있는 만큼 우물 안 개구리처럼 그 자리에 머물러서는 변화를 감지하기 어렵다. 특히 사진은 더욱 그렇다. 세상을 좀 더 넓고 멀리 보아야 한다. 세상에 관심을 갖고 어떻게 돌아가는지 변화를 감지하고 눈을 돌릴 때 비로소 새로운 세상을 발견할 수 있는 것이다. 그리고 세상에 대해 관심을 갖고 새로운 것에 도전하는 과정에서 생각이 자라나고 성장하게 된다. 나는 우리나라의 사진가, 예술가들이 넓은 세상을 향해 나아갈 수 있게 그들의 성장을 돕고 싶다. 이것이 바로 사진작가들을 위한 후원재단을 설립하고자 하는 이유다.

내가 지낸 아이슬란드의 스카가스트론드는 전체 인구가 수백 명밖에 되지 않는 매우 작은 도시다. 이렇게 작은 곳에서도 예술가들을 위한 지원들이 곳곳에서 이루어지고 있었다. 온 도시가 예술가들을 지원해 주고 있었다. 나는 그곳에서 새로운 꿈과 희망을 얻었다. 처음 이곳에 오기로 했을 때는 설레는 마음과 함께 조금은 걱정되기도 했다. 하지만 이곳에서 지내며 얻은 것도 많았다. 전 세계에서 온 예술가, 기획자들과 많은 아이디어와 의견을 교환하는 소중한 시간이었다.

멀리 타지에 나와 보면 앞으로의 미래를 어떻게 설계하고 나아갈지가 더 분명해진다. 아이슬란드에서의 생활은 내 인생 제2의 터닝 포인트였다. 하나씩 하나씩 그동안의 경험을 통해 나와 맞는 것은 무엇인지 맞지 않는 것은 무엇인지 생각하고 미래를 다시 설계해 나갔다. 국제 사진기획자가 되어 세계를 누비며 기획하는 것이다. 그리고 한국 사진작가들을 돕는 후원재단을 설립하는 것이다. 이미 이곳에서 구상한 한 가지는 이루어졌다. 현재 나는 국제 사진기획자로서 세계를 누비며 사진을 기획하고 심사를 한다.

해외에 나오면 지원을 받아 활발히 활동하는 많은 외국 작가들을 자주 보게 된다. 어찌 보면 이런 나의 생각들은 하루아침에 갑자기 든 것이 아니다. 오랜 기간 동안 해외를 다니며 보고 느낀 것들이다. 한국 작가들이 원하는 환경에서 작품을 만들 수 있도록 사진작가 후원재단을 만들어 그들에게 도움과 희망을 주고 싶다.

꿈과 희망이 있다면 선명하게 그려야 한다. 그리고 그 꿈이 이루어진 미래를 끊임없이 상상해야 한다. 그 상상력은 꿈을 시각화하며 할 수 있다는 믿음으로 연결된다. 이 말이 식상하게 들릴지도 모르지만 꿈을 이뤄 낸 많은 사람들이 공통으로 하는 말이다. 그래서 나는 상상력과 믿음을 갖고 한국 사진작가들에게 꿈과 희망을 심어 주고 그들이 작품활동을 자유롭게 할 수 있도록 지원해 주는 한국 사진작가 후원재단을 설립하고자 한다. 그리고 그들에게 세계인의 꿈에 도전하라고 하고 싶다. 한국 사진작가들이 해외로 진출하는 것을 지원해 그들이 더 넓은 세상에서 자유롭게 창작활동을 하도록 돕는 것이 나의 꿈이다.

3개 국어
원어민처럼 구사하기

나는 국제 사진기획자, 큐레이터, 디렉터로서 미국, 유럽, 아시아 등 여러 나라를 다니며 심사와 리뷰를 했다. 지금도 다양한 나라의 국제 교류, 사진 행사의 심사, 리뷰 그리고 기획을 하고 있다. 이렇게 다양한 나라에서 활동하려면 영어를 잘해야 한다.

나는 영국의 중부 노팅엄(Nottingham)에서 유학생활을 했다. 런던에서 기차로 2시간 정도 걸리는 중소 도시다. 다양한 인종이 뒤섞여 사는 런던과는 달리 이곳에는 대부분 토종 영국인들이 산다.

사람들은 유학을 가면 당연히 영어를 유창하게 구사할 것이라 생각한다. 하지만 현실은 그렇지 않다. 유학만 가면 모든 것이 해결될 것이라는 안일한 생각으로는 아무것도 이룰 수 없다. 나는 학교 수업을 제외하고는 많은 시간을 영국 사람들과 어울리며 영국 문화를 체험하고 배웠다. 그리고 다양한 예술가들을 인터뷰하고 취재하는 실전경험을 통해 영어 실력을 차츰 늘려 나갔다.

본격적으로 실전 영어를 하게 된 것은 영국에서의 학업과 함께 잡지사 객원기자로 일하면서부터다. 영국을 포함해 유럽 사진작가들을 인터뷰할 기회가 많았다. 당시만 해도 영국으로 유학을 가는 경우가 많지 않았다. 대부분 미국 유학생이 많았기 때문에 자연스럽게 영국에 관한 취재나 인터뷰는 내 몫이 되었다.

영국 도착 후 얼마 되지 않았을 때였다. 잡지사 편집장에게서 메일 한 통을 받았다. 영국의 대표적인 미술가 샘 테일러 우드(Sam Taylor-Wood)를 인터뷰해 달라는 요청이었다. 그는 당시 최고의 주가를 올리고 있는 세계적인 아티스트였다. 그런 그가 나의 첫 인터뷰 대상자였다. 지금 생각하면 그가 나의 인터뷰 요청을 수락한 것만으로도 기적이었다. 인터뷰 섭외, 연락부터 준비까지 모든 것을 도맡아 했다. 정말 가슴 설레는 도전과 기회였다.

샘 테일러 우드와의 인터뷰는 런던에 위치한 그의 스튜디오에서 진행되었다. 한 시간 정도의 인터뷰를 무사히 마쳤다. 하지만 돌아오는 내내 무사히 끝냈다는 안도감과 함께 영어에 대한 아쉬움이 교차했다. 영국 영어는 미국 영어와는 악센트나 발음이 다르다. 가끔씩 못 알아듣는 경우가 있었지만 다시 말해 달라고는 할 수 없었다. 자연스럽게 대화를 이끌어 나가야 했기 때문이다. 인터뷰 내용을 놓치지 않기 위해 그의 허락하에 녹취를 했다. 인터뷰는 일반 대화와는 달리 귀를 쫑긋 세우고 상대가 말하는 취지를 잘 파악해야 한다. 취지에 맞는 또 다른 질문으로 대화를 이어가야 하기 때문이었다. 인터뷰를 한국말로 한다고 해도 집중해 들어야 하는데 영어로 듣고 질문하려니 만만치 않았다. 어떻게 시간이 지났는지도 몰랐다. 이때의 경험은 영어를 원어민 수준으로 하고자 하는 나의 열정에 불을 지피는 계기가 되었다.

나는 2009년부터 거의 매년 11월에 프랑스 파리를 간다. 전 세계 사진 시장의 중심이라고 할 수 있는 파리포토(Paris Photo) 페어가 열리기 때문이다. 포토페어란 작품사진을 사고파는 사진 시장을 말한다. 한 장소에 세계 각국의 갤러리들이 모여 5일간 전시를 하고 작품을 판매한다. 대규모 전시 박람회장을 연상하면 될 것이다.

우리는 보통 백화점에서 쇼핑할 때 이곳저곳 매장을 돌아 마음에 드는 옷을 산다. 신상품을 보기 위해 아이쇼핑을 하기도 한다. 사진 시장도 마찬가지다. 컬렉터가 아니어도, 사진에 전문 지식이 없어도 사진을 좋아하는 사람들이 포토페어에 와서 쇼핑 또는 아이쇼핑을 할 수 있다.

나는 그곳에서 전 세계에서 온 다양한 사진작가들과 기획자들을 만난다. 영어로 대화를 하면서 말이다. 하지만 가끔 프랑스어를 써야 할 때가 있다. 관광객들이 다니는 식당이 아닌 로컬 식당이나 커피숍에 갈 경우다. 종업원들은 영어를 쓰지 않고 대부분 프랑스어로 주문을 받는다. 그래서 프랑스어를 하는 사람과 동행해야 한다. 그렇게 몇 년 프랑스를 다니다가 어느 순간 나에게 변화가 찾아왔다. 전에는 그냥 지나쳤던 프랑스 단어들이 궁금해지기 시작한 것이다.

나는 강남역의 한 어학원 프랑스어 주말 기초반에 등록했다. 한동안 주말을 반납하고 열심히 학원을 다녔다. 프랑스에 갈 때 실전에서 바로 써먹을 수 있다는 생각에 더욱 열심히 공부했다. 그렇게 기초반 두 달을 마치고 혼자 틈틈이 단어 외우기를 반복했다.

드디어 그다음 해 프랑스 파리에 가게 되었다. 매년 가던 곳이었는데도 그때는 모든 것이 다르게 느껴졌다. 기초적인 단어들이 눈에 들어왔고 사람들의 말소리가 조금씩 들렸다. 포트폴리오 리뷰를 할 때도 프랑스 사진작가들을 만나면 내가 먼저 "봉주르."라고 인사하고 간단한 소개도 프랑스어로 말했다. 그러자 리뷰하는 동안 분위기가 더 좋아지고 편해졌다. 그 나라 언어에 관심을 가지고 조금 배운 것뿐인데도 많은 것이 달라졌다.

이렇게 그 나라 언어에 관심을 가지고 보면 세상이 달라 보인다. 안 보이던 것이 보이게 되는 것이다. 우물 안 개구리가 우물

밖 세상을 모르듯이 세상 밖으로 나와야 새로운 세계를 보고 느끼고 생각할 수 있다. 언어도 마찬가지다. 그 나라의 언어를 배우고 그 나라를 경험하는 것이야말로 세상의 문을 활짝 열고 느낄 수 있는 소중한 경험이다.

내가 관심을 가졌던 또 하나의 언어는 바로 일본어. 중학교 때 같은 반 친구의 사촌이 일본교포였는데 어느 날 우리 아파트 바로 옆 동으로 이사를 왔다. 자연스럽게 친해졌고 일본어와 일본에 대한 이야기를 들을 수 있었다. 그 친구가 일본어를 하면 매우 신기했다. 그때 나도 언젠가는 일본어를 배우겠다는 생각을 하게 되었던 것 같다.

나는 대학생이 된 뒤 일본어 학원에 등록해 일본어를 본격적으로 배우기 시작했다. 그 학원은 한 달씩 수강료를 받는 것이 아니라 6개월 학기제로 등록금을 받는 식이었다. 과감히 투자해 6개월 과정을 들었다. 당시 나는 일본어는 우리말과 어순이 같아서 쉽게 배울 수 있다고 생각했다. 하지만 어떤 언어든 배우면 배울수록 알아야 할 것이 많고 어려워지는 것 같다. 즐겁게 6개월 동안 배웠지만 그 이후로는 계속 공부하지 못했다. 외국어는 꾸준히 공부하는 것이 필요하기 때문에 그러한 환경을 만드는 것도 중요하다.

언어라는 새로운 세상의 문은 세상 밖으로 나와 세상을 알고자 할 때 열린다. 언어를 배움으로써 그 나라를 이해하고 느끼는 데서 나아가 세상에 관심을 갖고 세상을 읽는 것이 중요하다. 세계를 읽을 수 있을 때 비로소 나의 주변을 돌아보고 느낄 수 있기 때문이다.

꽃이 아름다운 이유는 향기가 있기 때문이다. 마찬가지로 나의 인생이 아름답게 생각되고 기대되는 것은 이루고 싶은 꿈이 있기 때문이다. 만화영화 제작자 월트 디즈니는 "꿈을 이루고자 하는 용기만 있다면 모든 꿈을 이룰 수 있다."라고 말했다. 나는 꿈을 이루고자 하는 용기를 갖고 꾸준히 노력할 것이다. 그러다 보면 영어뿐만 아니라 프랑스어, 일본어도 원어민 수준으로 할 수 있는 날이 곧 올 것이라 믿는다.

한·영 저서 출간하고
세계적인 베스트셀러 작가 되기

　나는 지금까지 매우 다양한 경험을 했다. 대학시절 영화잡지, 일간신문 학생인턴 사진기자를 시작으로 월간지 객원기자, 사진 작가, 잡지 편집장, 아트 디렉터, 큐레이터, 리뷰어, 심사위원 등 쉴 새 없이 바쁘게 많은 일을 하며 지내 왔다. 지금 생각해 보면 이 모든 것이 현재의 나를 만든 자양제 역할을 한 것 같다. 한때는 어디로 가야 할지 방향을 몰라 우왕좌왕한 적도 있다. 하지만 도 전과 사진이라는 공통분모가 있었다.

　모든 경험은 소중하다. 하나하나의 경험들이 모여 인생의 방향 을 잡아 주기 때문이다. 다양한 경험과 도전을 하지 않는다면 자 신이 무엇을 잘하는지, 무엇에 소질이 있는지 알 수 없다. 나 또한 지금까지의 많은 경험을 토대로 현재 국제 사진기획자, 사진 큐레이터 그리고 동시에 사진작가들을 위한 컨설턴트로 활약하고 있다. 나의 다양한 경험과 시도들은 누군가의 삶에 선한 영향을 줄수 있다고 생각한다. 하지만 그러기 위해서는 경험과 기억들을 혼자 간직하지 않고 세상에 내보여야 한다. 즉, 나의 경험들을 책으로 출간하는 것이다. 그리고 그 책이 우리나라뿐만 아니라 전 세계의 사람들에게 읽힐 수 있도록 영어로 번역해 출간할 것이다.

나는 대학교 시절 〈씨네21〉, 〈한겨레21〉 그리고 〈한국일보〉의 학생인턴 사진기자를 하며 몰랐던 기자의 세계를 체험했다. 이러한 경험은 나중에 내가 잡지 객원기자, 편집장을 하는 데 많은 도움이 되었다. 당시 사진기자라는 직업은 내가 기대하고 생각했던 것보다 더 힘든 직업으로 다가왔다. 사진기자는 다양한 순발력과 체력은 기본이고 강한 정신력 또한 갖추고 있어야 한다. 그리고 언제 어떤 사건이 생길지 모르기 때문에 항상 긴장을 늦출 수가 없다. 또한 예상치 못한 사건이나 스케줄 변동으로 인해 개인 시간을 반납하고 사건 현장으로 나가는 경우가 많다. 당시 나에게는 그런 선배 사진기자들이 참 대단해 보였다.

지금은 카메라의 발전으로 모든 과정들이 디지털화되어 편리해졌다. 하지만 내가 학생인턴 기자를 했던 십수 년 전만 해도 필름을 사용했기 때문에 현상 과정을 거쳐 일일이 필름을 확인해야 했다. 실내에서 찍거나 빛이 안 좋은 상황에서 촬영한 뒤에는 '혹시라도 이미지가 잘 안 나오면 어떻게 하나'라는 걱정이 돌아오는 내내 머릿속을 맴돌았다. 그리고 모처럼 단독으로 촬영할 수 있는 기회가 주어졌을 때 생각만큼 이미지가 잘 안 나와 실망했던 적도 있었다. 하지만 그것도 다 배움의 과정이라 생각하고 끝까지 최선을 다해 인턴기자 과정을 무사히 마칠 수 있었다. 대학시절부터 그러한 실무 경험을 하고 나니 힘들어도 마음만 먹으면 뭐든 해낼 수 있다는 자신감과 믿음도 생겼다.

대학교 졸업 후 대학원에 입학해 학업과 동시에 다양한 전시를 개최하며 사진작가로서의 경험도 쌓았다. 그리고 대학원 졸업 후에는 용기를 내어 새로운 도전을 했다. 영국으로 유학을 간 것이다. 한국을 벗어나 더 넓은 곳에서의 또 다른 도전이었다.

영국 유학생활은 새로운 경험들로 가득했다. 대학원을 다니면서 동시에 월간지의 객원기자를 맡아 많은 영국 예술가들과의 인터뷰를 진행했고 사진에 대한 칼럼을 쓰기도 했다. 나는 기회가 올 때마다 하나하나 차근차근 나의 미래를 준비해 나갔다. 결국 다양한 좋은 기회들이 계속 찾아왔다. 객원기자, 통역, 사진작가, 편집장, 큐레이터, 편집위원, 심사위원 등을 거치며 나만의 독특한 경험과 경력을 쌓아 나갔다.

나는 다양한 경험을 통해 글쓰기의 중요함을 깨달았고 새로운 미래를 개척할 기회를 잡을 수 있었다. 그동안 수많은 일을 경험하며 쌓아 온 다양한 이야기들을 정리해 책으로 출간할 예정이다. 나의 이야기들이 많은 사람들에게 공감과 도움을 주어 더 나은 삶을 살아갈 동기가 되었으면 좋겠다.

성공한 사람들이 처음부터 그 일을 잘했던 것은 아니다. 새로운 경험을 시도하면서 자신이 가장 잘하는 일을 찾은 것이다. 다양한 경험 속에서 선택하고 집중해 최선의 노력을 기울이면 발전된 현재의 나를 만날 수 있다.

나는 대학교 특강을 할 때마다 "어떻게 하면 나의 길을 찾을 수 있을까요? 나에게 맞는 게 무엇인지 잘 모르겠어요."라는 학생들의 질문을 종종 받곤 한다. 그럴 때면 나는 관심 있는 일이나 도움이 될 만한 곳에서 역할이 작더라도 다양한 경험을 해 보라고 말한다. 미리 조금이라도 경험해 보면서 적성에 맞는지, 잘할 수 있는지 스스로 판단해 볼 수 있기 때문이다.

나는 나의 일을 찾기 위해 적극적으로 새로운 도전을 하며 다양한 경험들을 하려고 노력해 왔다. 어떤 일이든 관심 있는 일을 찾아보고 경험하는 것이 중요하다. 비록 하찮은 일일지라도 그 위치에서 최고가 되겠다는 마음가짐으로 최선을 다한다면 보이는 것 외의 많은 것을 배우게 된다. 그리고 그 경험을 절대 후회하지 않을 것이다. 많은 경험을 하고 많은 고민을 할 때 더욱 발전하게 된다. 또한 긍정적인 마인드를 가지고 한 단계씩 나아간다는 믿음으로 행동한다면 생각보다 더 많은 것을 얻게 된다.

내가 좋아하는 이야기를 하나 소개하고자 한다.

한 나그네가 홀로 사막을 여행하고 있었다. 그는 시간이 흐르면서 점점 걱정에 휩싸였다. 마실 물도 다 떨어졌다. 날이 어두워지기 전에 도시에 도착하거나 오아시스를 발견하지 못하면 영락없이 죽을 형편이었다. 그는 불안과 공포에 몸을 떨며 걸음을 재촉했다. 그러다 사람의 발자국을 발견하고 안도의 한숨을 쉬었다. "이제 살았다. 이 발자국만 따라가면 마을이 나타날 것이다. 이 발자국을 나침반 삼아 부지런히 걷자." 나그네는 발자국을 따라 열심히 걸었다. 그러나 아무리 걸어도 마을과 오아시스는 나타나지 않았다. 밤이 되자 섬뜩한 생각이 들어 발자국을 자세히 들여다보고 나서야 지금까지 자신의 발자국을 따라 제자리를 맴돌고 있었다는 사실을 깨달았다.

인생도 마찬가지다. 인생을 살아가는 데 있어 꿈은 삶의 방향을 가리켜 주는 나침반 같은 역할을 한다. 어떤 사람들은 같은 삶을 끊임없이 되풀이하며 인생을 허비한다. 그러다 문득 인생의 밤을 만나면 섬뜩한 기분이 들 것이다. 나그네와 여행자의 차이점은 바로 가고자 하는 분명한 목적지가 있느냐 없느냐다. 나그네는 도달해야 할 목적지가 없으므로 이리저리 바람에 나부끼는 낙엽과 같다. 그러나 여행자는 도달해야 할 목적지가 있다. 가고자 하는 곳이 있기 때문에 여행을 하는 것이다. 확고한 꿈이 있는 사람은 여행자처럼 지치지 않고 도전을 통해 인생의 새로운 경험을 얻게 된다.

나는 한국을 넘어 전 세계의 많은 사람들이 나의 책을 읽고 새로운 꿈에 도전하며 다양한 경험을 하길 바란다. 꿈이 현실처럼 생생할 때 그 꿈은 이루어진다. 생생한 나의 상상이 실천을 통해 곧 현실에서 이루어질 것이라 믿는다.

05

한국과 미국에
사진 전문 갤러리 만들기

사진은 1939년 탄생된 이래로 우리가 세상을 바라보는 방식에 많은 영향을 주었다. 사진은 눈앞에서 덧없이 사라져 버리는 사물의 상을 고정시키고자 하는 인간의 욕망에서 시작되어 다양한 방법으로 발전해 왔다. 더불어 우리가 사진을 바라보는 시각도 이전과는 많이 달라졌다.

내가 사진을 시작한 1990년대 초만 해도 사진은 돈 좀 있는 사람들이 하는 것이라는 인식이 있었다. 사진을 한다고 하면 부잣집 자제 정도로 생각했던 때였다. 그러나 지금은 어떤가? 카메라와 휴대전화의 발달로 누구나 언제 어디서든 마음대로 사진을 찍을 수 있게 되었다. 이제 사진은 단순히 세상을 찍는 것을 넘어 우리의 인생을 담는 통로의 역할을 하고 있다.

하지만 그 속에 숨어 있는 가치, 즉 사진에는 찍는 사람들의 세상을 바라보는 눈과 생각이 담겨 있다는 것을 쉽게 잊어버린다. 그렇기에 누구나 쉽게 들러 사진의 의미를 함께 나누고 소통할 수 있는 공간이 필요하다. 유럽이나 미국 등 서구에서는 사람들이 쉽게 사진 갤러리를 방문해 사진작품을 감상한다. 그리고 전문 컬렉터가 아니어도 집을 꾸미거나 선물하기 위해 사진작품을 따로 구입하기도 한다. 그들에게는 갤러리가 사진을 경험하고 즐기는 공간인 것이다. 사진을 찍는 것뿐만 아니라 감상하고 구입하는 것 또한 사진을 사랑하는 또 다른 방법이다.

사진작가는 자신의 생각을 창의적 상상력을 동원해 사진작품으로 나타낸다. 일반인들은 그들의 작품을 보며 삶의 영감을 받는다. 현재의 상황보다 더 나은, 그리고 어제의 자신보다 더 좋은 모습으로 살아가는 데는 예술이 차지하는 비중이 매우 크다. 사진작가는 사진으로 작품을 만들어 사람들에게 영감을 주고 사람들은 그 작품에서 새로움과 세계를 읽을 수 있는 눈을 갖게 되기 때문이다. 그러려면 갤러리를 자주 방문해 작품을 통해 느끼고 공감하며 소통하는 과정이 필요하다. 관람객들에게 갤러리는 다양한 작품을 감상할 수 있게 기회를 주는 공간이며, 작가의 생각과 관점, 창의력 등 많은 것을 배울 수 있는 공간이다. 오래된 예술을 통해 그 시대의 생각과 역사를 배우고 동시대 예술가들의 작품을 통해 우리 시대를 생각하고 읽을 수 있는 것이다.

나는 이러한 사진의 가치와 작가들의 사진 세계를 많은 사람들과 공유하기 위해 사진 전문 갤러리를 만들고자 한다. 그리고 한국뿐만 아니라 미국에도 소통과 배움이 있는 갤러리를 만들어 한국 작가들의 작품을 미국에 널리 전하며 한국 사진의 위상을 한층 더 높이는 데 기여하고자 한다.

올해 초 한 월간지에서 '사진에 쉽게 다가가는 방법'에 대한 인터뷰를 요청해 온 적이 있다. 사람들이 사진 감상을 어렵게 생각한다는 것이었다. 그 이유가 무엇일까 곰곰이 생각해 봤다. 온 국민이 사진작가라는 말도 있듯이 사진이 이미 대중화된 지 오래임에도 불구하고 사진이 어렵다고 한다. 그 이유는 무엇일까? 바로 사진을 찍는 방법만 배우고 사진을 감상하는 방법은 제대로 배우지 못했기 때문이다. 사진을 예술작품으로도 많이 접하고 봐야하는데 한국 사람들은 갤러리에 가는 것을 특별하거나 부담스러운 것으로 생각한다. 열린 마음으로 다양한 사진작품을 보고 이해하려는 노력이 필요한 이유다.

지금은 디지털카메라와 스마트폰 카메라의 대중화로 사진이라는 매체가 매우 친근하게 다가온다. 그렇기에 사진 전시의 경우도 다른 예술에 비해 좀 더 친근감을 가지고 쉽고 편하게 방문할 수 있는 가능성이 충분하다.

해외를 다니다 보면 그 나라의 사진 갤러리를 꼭 방문한다. 그때마다 느끼는 것은 일반인들이 갤러리에 자주 들러 쉽고 편하게 작품을 감상한다는 것이다. 그에 비해 한국은 전시장에 가는 것 자체를 부담스러워하는 경우가 많다. 동시대의 작품을 보고 읽는 것은 세계를 읽는 것과 같다. 세계를 읽을 수 있을 때 비로소 주변을 돌아보고 느낄 수 있다. 달라지는 사람들의 생각과 사진을 둘러싼 시대의 변화는 새로운 이미지를 만들고 또 다른 삶의 이야기를 담은 사진이 되어 우리의 마음속에 남게 되는 것이다.

얼마 전 미국의 한 사진 갤러리를 방문한 적이 있다. 갤러리에 걸린 사진은 멋진 풍경 사진도 아니고, 사물을 독특한 시선으로 풀어낸 사진도 아니었다. 평범한 골목길, 평범한 사람들과 동물들 그리고 천진한 아이들의 모습이 전부였다. 평범해도 너무 평범해 보였다. 하지만 그 전시장에 걸린 사진들은 공감되는 기억들과 함께 공유할 수 있는 소박한 이야기들로 가득했다. 보는 이들로 하여금 저절로 미소 짓게 만드는 사진들이었다.

작가는 자신이 살아가는 골목을 소박하게 사진으로 남겼다. 그는 오랫동안 취미로 사진을 찍었지만 전업 사진작가는 아니었다. 그는 대학교에서 취미로 사진을 시작했다. 대학 졸업 후에도 계속 사진을 찍긴 했지만 직장생활과 결혼 등으로 인해 오랫동안 사진을 잊고 살았다. 그는 최근 이사한 동네를 기록하기 위해 다시 사진을 찍기 시작하면서 사진이라는 꿈을 되찾았다. 그런 그에게 갤러리는 꿈을 펼칠 기회를 마련해 주었다. 오래전 기억 속에만 있던 꿈들을 그곳에서 다시 찾기 시작한 것이다. 그에게 갤러리는 희망을 주는 공간이다.

갤러리의 역할은 매우 다양하다. 전시를 통해 관람객들에게 다양한 세계를 보여 주기도 하고 사진작가들에게는 그들의 작품을 선보일 기회를 준다. 갤러리에서 사진작가들의 작품을 직접 보는 것은 사물과 세상을 넘어 인생 전체를 더욱 깊게 보는 것이다. 사진 감상을 통해 세상을 새롭게 보고, 하루하루가 행복하고 나아가 인생이 행복해진다면 더할 나위 없겠다.

사진작가에게 있어서 전시는 작품과 관람객들의 소통을 위해 꼭 필요한 요소다. 아무리 작품활동을 열심히 한들 봐 주는 사람이 없다면 혼자만의 외로운 파티가 될 것이다. 대중과의 소통이 매우 중요하다. 그래서 갤러리가 필요한 것이다.

나는 사진 기획과 함께 한국과 해외를 연결하는 일도 한다. 한국에 한 번도 소개되지 않은 해외 작가들을 한국 언론이나 갤러리에 소개하고 그 사진작가의 전시를 기획하는 것이다. 많은 사람들에게 해외에 나가지 않고도 한국에서 전 세계의 다양한 사진 세계를 접할 수 있는 기회를 만들어 주고자 하는 것이다. 동시에 한국 사진작가들을 해외에 소개하는 일을 하며 다양한 전시 기획에 참여하기도 한다.

이제는 많은 사람들이 소통할 수 있는 사진 갤러리를 한국과 미국에 만들어 국내외 사진작가들의 작품을 기획하고 소개하고자 한다.

발전은 적극적이고 더 넓게 멀리 생각하는 자에게 찾아오게 마련이다. 그동안 꾸준히 한길을 걸으며 매사에 최선을 다했기에 나의 미래는 더 밝고 행복할 것이다. 지금까지의 경험을 바탕으로 많은 사람들을 위한 사진 전문 갤러리를 만들어 소통과 희망이 가득한 공간으로 만들어 나갈 것이다.

버 킷 리 스 트 10

Chapter 4

동기부여로
사람들의 인생을 바꿔 주는
메신저 되기

• 어혜란 •

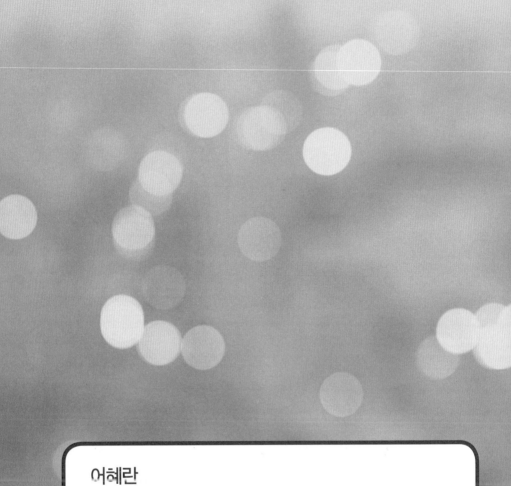

어혜란

동기부여가, 자기계발 작가
워킹홀리데이로 떠난 호주에서 여러 사건을 겪으며 인생을 새로운 시각으로 바라보게 되었다. 흔들리고 아파하는 청춘들의 가슴에 희망의 씨앗을 심어 주고 싶다는 꿈을 꾸고 있다. 현재는 피부과에서 실장으로 재직하며 심장을 뜨겁게 만드는 진짜 꿈을 이루기 위해 열심히 준비 중이다. 자신의 스토리를 통해 많은 사람들이 희망을 찾고 자신만의 인생을 만들어 가기를 바란다.
E-mail mendog@naver.com

일생에 한 번은
파리지앵으로 살아보기

프랑스 파리는 수많은 책과 영화에서 로맨틱한 배경으로 자주 등장한다. 이렇게 전 세계 수많은 사람들의 사랑을 독차지하고 있는 파리에서 살아 보는 것은 여자라면 누구나 꿈꾸는 버킷리스트가 아닐까?

나는 일생을 여행하며 여행 작가로서 살기를 꿈꾸고 있다. 여행광으로 살던 20대부터 꼭 한 번 파리에 갈 수 있기를 손꼽아 기다렸다. 그리고 서른네 살, 드디어 꿈에 그리던 파리를 처음으로 만났다.

파리 북역에 두 발이 닿던 그 순간은 지금도 생생하다. 500년의 역사를 그대로 간직하고 있는 아름다운 고대 도시의 모습에 넋을 잃고 숨죽인 채 말없이 바라보기만 했다. 4일간 머물며 가장 많이 했던 말이 "파리는 정말 박물관 전체를 그대로 옮겨 놓은 것 같아."였다. 300년 전의 시간 속을 걷고 있는 느낌이었다. 그만큼 파리를 거닐 때면 내가 2016년을 살고 있는 사람이라고 느껴지지 않았다.

로댕이 산책하며 생각하기를 즐겼다는 아름다운 튈트리 정원을 100년 전의 로댕처럼 거닐어 보기도 했다. 이른 새벽에 반 고흐가 사랑한 언덕 몽마르트에 올라, 안개가 자욱해 더 아름다운 파리를 내려다보며 고흐가 스케치하는 모습을 상상해 보기도 했다. 나는 조금씩 파리를 더 사랑하게 되었고, 점점 더 이 아름다운 도시에 매혹당했다. 파리에 가 본 사람이라면 누구나 알 것이다. 이 도시는 사랑할 수밖에 없다. 그렇게 나의 '파리앓이'는 시작되었다. 결국 나는 계획에도 없던 버킷리스트를 하나 더 만들게 되었다.

'3년 안에 파리에서 5개월 동안 살아 보기'

사실 이것이 나의 버킷리스트가 될 것이라고는 예상하지 못했다. 파리에 가 보고 싶다는 생각은 항상 해 왔다. 하지만 '매일 남들과 하나라도 다르게 살자'라는 신소로 세상을 실아가는 나에게 누구나 가는 이 도시는 매력 없이 느껴지기도 했다. 그래서 파리에 닿기까지 더 오랜 시간이 걸렸다. 그러나 이 도시를 만난 뒤,

나 역시 흔해 빠진 누군가 되기를 간절히 바랐다. 그래서 '3년 안에 파리에서 5개월 동안 살아 보기'를 새로운 버킷리스트 목록으로 추가하게 되었다.

나는 이미 서른 살 무렵에 여행자가 아닌 이방인으로서 세상을 누비는 삶을 살아 보고자 결심했다. 그래서 마닐라에서 7개월, 호주에서 1년간 살아 본 적이 있다. 그렇기에 낯선 도시의 시민이 되는 낭만을 잘 알고 있다.

머무름과 여행은 다르다. 여행을 할 때는 기억 속에 유명한 관광지만 남는다. 하지만 머무를 때는 그 도시의 일상 속 특유의 향기, 출퇴근시간의 사소한 풍경, 그 도시 사람들의 진솔한 삶의 이야기, 그곳에서만 일어날 수 있는 에피소드까지 다양한 추억을 떠올릴 수 있다. 또한 인생 최고의 선물, 새로운 나를 만날 수 있는 기회까지 얻을 수 있다.

나는 낯선 도시에서 이방인으로 머무르면서 스스로에게 많이 놀랐다. '어혜란, 너에게 이런 면이 있었어?'라며 내면을 향해 질문을 던지곤 했다. '자신이 쥐고 있는 것을 내려놓아야 삶에서 더 많은 것을 얻을 수 있다'라는 상투적인 말은 진실이었다.

내 인생은 공부와는 거리가 멀었다. 그런 내가 서른 살 생일을 기념하기 위해 여행했던 뉴욕에서 당황스러운 경험을 하게 되었다. 뉴욕의 거리를 걷던 중 한 미국인이 나에게 아주 친근하게 인사를 건넸다. '외국인 친구 만들기'는 내 버킷리스트 중 하나였기에 너무나도 기다렸던 순간이었다. 하지만 나는 꿀 먹은 벙어리가 되어 아무 말도 하지 못했다. 인사를 받아 주지 않는 내 모습에 당황한 미국인은 미안하다며 그 자리를 떴다. 나는 그길로 한국에 돌아가면 영어 공부를 시작해야겠다고 마음먹었다.

나는 하루에 10시간 이상 영어 공부를 했다. 그리고 서른한 살에 필리핀 마닐라로 늦깎이 어학연수를 떠났다. 마닐라에서 7개월 동안 연수생으로 살면서 다시는 그렇게 할 수 없을 만큼 미친 듯이 공부했다. 처음에 말 한마디 제대로 못했던 나는 사라지고, 어느새 달변가가 되어 외국인 친목모임에서 분위기를 주도했다. 반도 못 맞히던 단어시험에서 1등을 휩쓸며 연수생들의 롤모델이 되었다. 하숙집에 함께 살던 초등학교 연수생 엄마는 내가 늦은 나이에도 해내는 것을 보고 자극받아 영어학원에 등록하기도 했다. 스스로가 자랑스러웠고, 나에게 이런 면이 있다는 데 놀랐다. 그리고 마음만 먹으면 무슨 일이든지 할 수 있다는 큰 자신감을 얻어 돌아왔다.

이렇게 큰 떨림과 감동이 있음에도 불구하고 새로운 도시에서 인생의 한 시기를 보낸다는 것은 준비부터 만만치 않다. 나 또한 원래 살고자 했던 뉴욕에서는 비자를 받지 못해 실패의 고배를 마셔야 했다. 그럼에도 불구하고 버킷리스트에 다가가고자 하는 욕망을 고수했기에 30대의 시작을 낭만적인 이방인으로서 보낼 수 있었다.

새로운 일에 도전한다는 것은 한 번도 가 보지 않은 미지의 세계로 들어가는 것과 같다. 그리고 반드시 손에 쥐고 있는 것들을 내려놓아야 하는 순간도 온다. 그래서 누구나 꿈을 꾸지만 쉽게 용기를 내지 못해 실행하기 어렵다. 그리고 꿈을 접고 싶을 만큼 생각지 못한 어려운 일에 많이 직면하게 된다. 나 또한 그런 문제들을 이겨 내는 것이 쉽지는 않았다. 하지만 매일 같은 일상을 살았다면 마주치지 못했을 문제들을 하나하나 해결해 나가면서 더 단단하게 성장할 수 있었다.

매일 똑같은 일상 속에 살면 새로운 나를 만나게 해 줄 소중한 선물을 받을 기회를 놓치게 된다. 보이지 않는 바닷속 깊은 곳에 무엇이 있을지 몰라 두려워만 한다면, 삶은 당신에게 어떤 감동도 보여 주지 않을 것이다.

지금 당신의 인생이 매일 반복되는 드라마처럼 지루한가? 새로운 드라마가 시작되기를 바라는가? 그렇다면 당신만의 버킷리스트를 써라. 그 간절함이 당신에게 눈부신 미래를 선사할 것이다.

100권의 저서를 쓴
저자 되기

대학시절부터 나의 내면 깊은 곳에는 '작가가 되고 싶다'라는 꿈이 자리 잡고 있었다. 그래서 대학생 때부터 신문사 동아리에서 기자로 활동하며 20대를 수많은 책들에 파묻혀 지냈다. 그러나 작가의 꿈에 다가서려 할수록 꿈은 점점 더 멀어져만 가는 느낌이었다. 책을 읽을수록 작가들의 뛰어난 글솜씨에 주눅이 들었다. '그래, 꿈은 꾸라고 있는 거지, 이루라고 있는 게 아니잖아', '작가는 타고난 사람만 되는 거지. 역시 나는 작가가 될 수 없어'라는 생각만 들었다. 어느샌가 나의 꿈은 희미해져 갔다. 그리고 다른 사람들에게 뒤처질세라 열심히 그들의 뒤를 따르며 평범한 사회인이 되었다.

누구나 그렇듯 나의 사회생활도 평탄치 않았고 아무리 노력해도 미래는 점점 더 보이지 않았다. 왕복 2시간이나 되는 출퇴근의 피로까지 더해져 내 몸은 서른 살이 되었을 때 이상신호를 보내왔다. 어느 날 우연히 친구를 따라갔다가 받은 검진에서 작은 혹이 발견된 것이다. 의사는 심각한 문제는 아닐 거라고 말하면서도 암일지도 모르니 조직검사를 해 보자고 했다. 그리고 혹이 작지 않으니 빠른 시일 내에 수술 날짜를 잡자고 했다.

그동안 별다른 증상이 없었기 때문에 건강할 거라고 예상하고 받은 검진결과는 충격이었다. 여자에게 조금은 더 특별한 의미를 지니는 서른 살 생일을 앞두고 받은 결과였기에 충격이 더 클 수밖에 없었다. 다행히 암은 아니었고, 간단한 수술로 치료가 가능했다. 그러나 나의 마음은 전혀 괜찮지 않았다.

수술을 끝내고 마취에서 막 깨어나 거울 속에 비친 내 모습을 바라보았다. 얼굴과 눈은 퉁퉁 부어 있었고 입술은 고목나무처럼 바짝 말라 있었다. 그 모습을 마주 보고 있노라니 서글프고 마음이 아팠다. 그동안 쉼 없이 달리기만 하느라 소중하게 아껴 주지 못한 나 자신에게 너무 미안했다. 어디서부터 잘못된 것일까. 나는 왜 내 인생에서 가장 빛나고 행복할 거라 생각했던 서른 살에 이렇게 초라한 모습으로 병원에 있는 걸까…. 지금까지 살아왔던 인생에 대해 많은 후회가 밀려왔다. 하염없이 흐르는 눈물을 닦아내며 '다시는 내가 살아온 길에 대해서 후회하는 일은 만들지 말아야겠다'라고 결심했다.

나는 퇴원하자마자 나의 가장 큰 버팀목인 사랑하는 책들을 만나러 서점으로 달려갔다. 그리고 '마흔'이라는 글자가 들어간 책들을 닥치는 대로 읽기 시작했다. 나는 책 속에 반드시 답이 있을 거라 믿었다. 그러나 책 속에서 만난, 마흔이라는 숫자를 마주한 이들의 삶은 나의 예상을 빗나가 있었다. 그들은 나보다 더 외롭고 비참했고 불안했다. 그들은 내가 그랬던 것처럼 열심히 달리기만 하면 판도라의 상자가 열릴 거라고 믿었다. 그래서 힘들지만 하루하루 버티면서 자신이 꿈꾸던 마흔을 맞이할 준비를 했다.

　하지만 달라진 것은 아무것도 없고 오히려 더 불안한 오늘의 자신을 만났다. 그들은 하나같이 지금도 늦지 않았으니 너의 인생을 살라고, 그것이 인생에서 승리하는 길이라고 말했다. 나는 '내가 원하는 길이 비록 지금처럼 평탄하지 않고 가시밭길이더라도 진정으로 행복해지는 길을 가자'라고 결론을 내렸다.

　그날 이후로, 진정으로 내가 원하는 인생을 찾기 위해서 많은 시간을 홀로 보내며 내면과 조용한 대화를 시작했다. '혜란, 너는 언제 가장 행복했니? 너는 어떤 일을 생각할 때 가장 가슴이 뛰니?'라고 끊임없이 나에게 질문을 했다.

　어느 날 문득 내면이 나에게 답했다. '나는 많은 이들과 나의 생각을 공유하고, 희망 없는 삶에 지친 사람들에게 희망을 줄 수 있는 성공한 베스트셀러 작가가 되고 싶어.' 나는 몇 날 며칠을 나와 마주한 고뇌의 시간 덕분에 앞만 보고 달리느라 잊고 살았던 꿈을 다시 찾았다.

꿈을 찾기는 했지만 어떻게 그것을 이뤄야 할지는 전혀 알지 못했다. 나는 여전히 작가는 타고난 사람들의 전유물이라는 벽을 허물지 못한 상태였다. 그래도 희망을 버리지는 않았다. 어떻게 찾은 나의 꿈인가. 나는 글쓰기에 관한 책들을 닥치는 대로 읽기 시작했다. 한 발짝 한 발짝 진짜 나의 인생에 다가가기 위해 준비하는 모든 시간들이 너무 행복했고 짜릿했다.

그리고 진짜 작가로서의 삶을 시작하기 위한 준비를 차근차근 했다. 그 첫 번째 단계로 나의 꿈에 쓰일 귀한 돈을 마련하기 위해 정말 필요한 곳에만 쓰고 악착같이 돈을 모았다. 그리고 3년 전 우연히 알게 된, 대한민국 최고의 책 쓰기 명장 김태광 코치가 수장으로 있는 〈한책협〉에 등록했다. 수업에 등록하던 날 너무 기뻐서 심장이 터질 것 같았다. 인생의 그 어떤 순간보다 행복했다.

10년 전, 꿈은 꾸라고 있는 거지 이루라고 있는 게 아니라며 가슴속 깊이 묻어 두었던 나의 꿈들이 하나하나 이뤄지는 신기한 순간들을 마주하고 있다. 우울한 생각만 하며 못난 인생을 억울해하던 나는 없었다. 그때는 혹이 내 인생의 비극이라 생각했지만 지금에 와서 보니 오히려 큰 터닝 포인트가 되어 나를 완전히 변모시켜 놨다. 아마 그 사건이 없었더라면 나는 옆집 아줌마와 발 맞춰 나가는 것을 운명이라 여기며 평범한 102호 아줌마로만 머물렀을 것이다. 하지만 그 사건이 있었기에 내 인생을 되돌아보고 다시는 인생에서 후회할 일을 만들지 말자고 결심할 수 있었다. 그리고 지금까지 도전은 계속 이어지고 있다.

문득 포기하고 싶어질 때면 한 번씩 가슴이 나에게 말을 걸어 왔다. '너의 꿈인데 네가 포기하면 누가 꿈을 대신 이뤄 줄 수 있겠니.' 그 말을 지나칠 수 없어 정말 마지막이라 생각하고 〈한책협〉의 끈을 잡은 것이었다. 그동안 나의 인생을 누구보다 적극적으로 살고자 했기에 많은 강의들을 들으러 다녔다. 하지만 크게 변화되는 것은 없었기에 이번에도 큰 기대를 하지는 않았다. 그저 마흔 살이 되었을 때 나에게 떳떳하고 싶다는 생각으로 수강하게 되었다.

하지만 대한민국 최고의 책 쓰기 명장은 정말 다르다는 것을 실감하게 되었다. 김태광 코치는 책 쓰기에 관한 최고의 비법을 아낌없이 전수해 주었다. 나는 이대로 수업만 성실하게 따라간 다면 반드시 승리할 것이라는 확신을 갖게 되었다. 그리고 '저서 100권 쓰기'라는 원대한 버킷리스트가 탄생하게 되었다. 내가 마지막이라고 생각하고 잡은 줄이 사실은 황금줄이었던 것이다.

최악이라고 생각했던 시점에 꿈과 함께 인생을 다시 시작하면서 나는 삶의 아주 큰 비밀 하나를 깨달았다. '꿈은 이루기보다 포기하는 게 더 쉽다는 것'이다. 그만큼 꿈을 이뤄 가는 과정은 절대 순탄치 않았다. 내 인생에 저주를 퍼부으며 절대 끝날 것 같지 않은 어둠을 하루하루 힘들게 버텨 냈다. 그러나 그 시간들을 넘어섰을 때 삶은 반드시 보답을 해 준다는 것을 몸소 깨달았다.

나는 자신의 꿈에 다가가기를 머뭇거리는 사람들에게 자신 있게 이야기하고 싶다. 죽을 만큼 노력한다면 삶은 반드시 보답한다고, 아니, 당신이 생각지도 못했던 더 큰 선물을 쥐어 준다고 말이다.

나는 오늘도 굳은 믿음을 갖고 나의 버킷리스트에 한 발짝 더 다가가기 위해 노력할 것이다. 나는 내일이 다가오는 것이 설렌다. 당신도 설레는 내일을 꿈꾼다면 나와 함께 Go! Go!

03

사람을 살리는
강연가, 칼럼가로 살아가기

어느 날 집에 한 통의 편지가 도착했다. 나에게 편지를 보낼 사람이 없는데 누구일까 무척 궁금해하며 편지를 뜯었다. 발신인을 보니 일을 하다 친해진 동생이었다. 편지 내용은 전혀 예상치도 못했던 감사편지였다. 내용인즉슨 나의 조언 덕분에 자신이 더 성장할 수 있었고, 넓은 시야로 세상을 보게 되면서 자신의 미래를 더 알차게 준비할 수 있어 너무 감사하다는 것이었다.

나는 편지를 읽고 너무 놀랐다. 내가 해 준 작은 조언으로 한 사람이 감동받고, 인생이 바뀌었다는 사실이 믿기지 않았기 때문이다. 그날 처음으로 단지 몇 발짝 앞서 걸은 삶일지라도 누군가에게는 인생이 바뀔 만큼 엄청나게 큰 조언이 될 수 있다는 것을 깨닫게 되었다. 그리고 그날 이후로 나의 말을 통해 더욱 많은 사람의 인생을 살리고 싶다는 생각을 강하게 갖게 되었다.

편지를 받은 이후 그 친구를 만나게 되었다. 친구가 나에게 들려준 이야기들은 놀라웠다. 첫 번째로 내가 호주에 가면서 소개해 준 강사를 통해 나보다도 빨리 첫 저서를 갖게 되었다고 한다. 두 번째로는 내가 소개해 준 책을 통해 경매 강의를 듣고 전국을 누비며 낙찰받기 위해 열심히 노력하고 있었다는 것이다.

그는 누구보다도 가난한 어린 시절을 보냈고, 고등학교까지밖에 다니지 못한 평범한 직장인이었다. 하지만 나를 만나서 작가의 꿈을 이루었고, 어느새 월세로 월급을 받는 부자의 삶에 가까워지고 있었다.

물론 이 모든 변화가 나의 조언 덕분이었다고 생각하지 않는다. 워낙 다른 사람들의 인생을 변화시키고 그들이 더 나은 삶을 살 수 있도록 이끌어 주는 일에 관심이 많았던 나는 다른 친구들에게도 똑같이 조언을 해 주었다. 그러나 성공해 내게 감사편지를 쓴 사람은 그 친구 한 명뿐이었다. 분명히 그 친구는 다른 사람들과는 달랐고 부자가 되고 작가가 되고 싶다는 열망이 누구보다 강했으리라. 그렇기에 내 조언을 흘려듣지 않고 지금의 결과들을 이룬 것이다.

분명한 것은 내가 그의 가슴속에서 곤히 잠자고 있던 열정에 불을 붙여 주었다는 사실이다. 나는 그 친구의 이야기를 들으면서 너무 뿌듯했고, 눈물이 날 만큼 감동스러웠다. 비록 한 명이지만 내가 누군가의 인생을 변화시켰다는 사실에 너무 행복했다.

나는 어린 시절부터 자존감이 낮았다. 무엇 하나 제대로 할 줄 아는 것이 없다고 생각했다. 그래서 자존감을 높이고자 단 한 번도 공부를 손에서 놓아 본 적이 없었다. 20대부터는 누구보다도 열심히 책을 읽었고, 많은 강의들을 찾아다니며 열심히 공부했다. 나는 책을 읽고 강의를 들을 때 제일 행복했다. 내가 힘없는 평범한 사람에서 갑자기 무엇이든 무찌를 수 있는 엄청난 무기를 장착한 원더우먼으로 변신하는 느낌이었다.

이처럼 나는 초라하고 아무것도 없던 20대 시절 수십 권의 책을 읽고 수십 번의 강의를 들으며 열정을 충전했다. 그로 인해 자신감을 얻고 다시 일어설 수 있었다.

그러던 어느 날 문득 이런 생각이 들었다.

'책과 강의에는 상상도 하지 못할 만큼 엄청난 에너지가 들어 있구나. 나도 내가 받은 이 귀한 에너지를 다른 사람들에게 나눠 줄 수 있는 사람이 되고 싶다. 나도 말과 글로써 사람을 살려 내고 싶다.'

그렇게 나의 세 번째 버킷리스트인 '칼럼가, 강연가 되기'가 탄생하게 되었다.

20대 시절 나는 초라함이 너무 싫었다. 그래서 숨고만 싶었고 무엇 하나 내 뜻대로 되지 않는 세상을 많이 원망했다. 그러나 지금 와서 생각해 보면 그 초라했던 시절이 지금의 나를 만든 보석 같은 시간들이었다는 것을 부정할 수 없다. 그 힘들고 초라했던 시간들을 통해서 나는 더 단단하게 성장할 수 있었고, 누구보다 흔들리고 아파하는 청춘들의 마음을 가까이 이해할 수 있게 되었으니 말이다.

그때는 이렇게 멋진 계획이 나를 기다리고 있는 줄도 모르고 너무 힘들어했다. 만약 지금 누구보다 힘든 시간을 보내고 있는 사람이 있다면 어렵더라도 그 시간들을 즐기라고 이야기해 주고 싶다. 그 힘든 시간들 뒤에는 분명히 당신을 위한 멋진 계획이 기다리고 있을 것이라고 말해 주고 싶다.

나 또한 그런 시간들을 통해서 말과 글로써 사람을 살리고 싶다는 엄청난 꿈을 갖게 되었다. 한 명을 시작으로 이제는 수천 명의 청춘들이 고통에서 벗어날 수 있도록 도와주고 싶다.

나는 오늘도 생생하게 상상한다. 수백 명의 청춘들이 가득 들어찬 강의장에서 그들에게 희망을 주는 강의를 하고 있는 나의 모습을, 그리고 수많은 사람들의 인생을 바꾸어 줄 칼럼을 쓰고 있는 나의 모습을….

04

1년에 다섯 번
해외여행 가기

나는 어린 시절부터 특이하다는 소리를 많이 들었다. 친구, 직장동료, 가족에 이르기까지 모두 나만 보면 입을 모아 "너는 정말 특이해."라고 말하곤 했다. 별명까지 '4차원 소녀'일 정도였으니, 주변 사람들이 나를 얼마나 특이하게 생각했을지 상상이 간다.

그 당시에는 사람들이 왜 나를 특이하다고 하는지 이해하지 못했고, 나 또한 솔직히 주변에 대화가 통하는 사람이 하나도 없었다. 그런 연유로 나는 세상의 구성원으로서 한 자리를 차지하고 살고 있었지만, 마치 물과 기름처럼 그들과 합쳐지지는 못했다.

나 역시 이런 상황이 마음 편할 리 없었다. 친구를 만나도 직장생활을 해도 남의 집에 세 들어 사는 사람처럼 마음 한구석이 늘 불편했다.

그랬던 내가 떠나기만 하면 마음이 편해지는 곳이 있었으니 바로 외국이었다. 외국이라면 어디든지 좋았다. 외국만 나가면 진짜 숨 쉬는 것처럼 마음이 편안했다. 처음에는 이런 내가 이상했다. '왜 나는 외국만 나가면 이렇게 행복해할까? 다른 사람보다 여행을 좋아하는 성향인가?'라며 스스로에게 질문을 던졌지만 정확한 답을 내리지는 못했다.

그렇게 고민을 시작한 지 10년이 흘러 어느새 15개국을 여행했다. 여행으로도 모자라 필리핀과 호주에서 각각 7개월간, 1년간을 살아 본 끝에 진짜 이유를 알게 되었다.

그것은 바로 그들과 내가 '근본적으로 다름을 인정하는 것'에서 오는 영혼의 편안함 때문이었다.

어린 시절부터 나는 못하는 게 정말 많았다. 공부를 못했던 건 기본이고, 그림도 못 그렸고, 음악적 재능도 없었으며, 여자아이라면 다 할 줄 아는 고무줄놀이도 잘하지 못했다. 그래서 학창 시절 내내 주눅이 들어 놀림도 많이 받았고, '나는 왜 다른 사람들과 다를까'라며 스스로를 원망하고 자책했다. 나는 다시 돌아가고 싶지 않을 만큼 우울한 사춘기를 보냈다.

세상은 개개인이 근본적으로 다른 존재임을 인정하지 않았다. 그들만의 잣대를 들이댄 채 자신들과 조금이라도 다르면 특이하고 잘하는 것은 하나도 없는 아이로 만들어 버렸다. 이렇게 세상과 다름에 한없이 움츠러들며 마음속으로 방황하던 어린아이는 우연히 발을 딛게 된 해외에서 드디어 영혼의 편안함을 느낀 것이다.

10년 전 동생의 부름에 이끌려 생각 없이 떠났던 첫 일본여행에서 나는 신선한 충격을 받게 되었다. 그곳에서는 나를 다른 사람으로 인정해 주었다. 어느 누구도 나를 자신들의 기준에 맞추어 판단하지 않았고, 거기서 내가 잘해내야 할 것은 하나도 없었다. 지하철을 타는 사소한 일조차 실수해도 괜찮은, 그저 '이방인'이었다.

아마 누군가에게는 당연한 일로 받아들여질 만큼 별일 아닐지 모른다. 그러나 세상의 기준에 맞지 않는다는 이유로 여기저기 멍들었던 나의 마음은 그곳에서 처음 자유로움을 맛볼 수 있었다.

첫 여행이었기 때문에 편안함의 이유는 찾을 수 없었다. 그러나 알 수 없는 이끌림에 의해 나는 일본을 가야겠다고 마음먹었다. 일본어 책도 사서 열심히 공부하고, 일본 드라마만 보면서 일본에 푹 빠져 살았던 기억이 난다. 물론 어려운 가정형편과 일본으로 가는 방법을 알기에는 너무 어린 나이였기에 무산되었지만 그날 이후로 나는 틈만 나면 해외에 나갈 궁리만 하는 사람이 되었다.

첫 해외여행 이후로 나는 1년에 한 번은 무조건 해외여행을 갔다. 돈이 없어도 1년에 한 번은 어디든 나를 데리고 떠났다. 그리고 닫혀 있던 시야가 서서히 넓어지면서 깨달았다.

'세상의 어떤 것도 정답이 될 수 없다. 내 인생의 정답은 오직 나만이 정의 내릴 수 있다.'

10년 동안 방콕, 마닐라, 뉴욕, 호주, 일본, 홍콩 등 15개국을 여행하며 세계 각국의 친구들과 관계를 맺으면서 나는 알 수 있었다. 그들과 나는 너무나 다른 존재라는 것을 말이다. 우리는 서로 다름을 명확히 알고 인정해 주었기 때문에, 그 속에서 나는 정말 나답게 행복할 수 있었다.

그들과 대화를 나눌 때면 서로의 생각을 진지하게 들어 주기만 할 뿐 어느 누구도 친구의 생각이 옳고 그름을 판단하지 않았다. 그래서 나는 누구보다 자유로울 수 있었고, 특별한 존재로 인정받을 수 있었다. 그 속에서 나는 더 이상 '특이한 존재'가 아니었다. 단지 세상에 하나밖에 없는 '특별한 존재'였다.

돌이켜 생각해 보면 그렇게 치열하게 여행하며 나답게 생각하고 살았던 시간들이 있었기 때문에 지금 용기를 내어 작가를 준비하고 있는 것 같다는 생각도 든다.

요즘 청춘들을 보면 예전에 내가 그랬듯 옆 사람과 자신을 비교하며 자신을 위한 스펙이 아닌, 옆 사람보다 나은 스펙을 만들기 위해 고통받고 있다. 내가 그 길고 고통스러웠던 청춘의 터널을 지나 30대 중반에 들어선 지금 느끼는 것은 세상이 만들어 놓은 기준은 언제든지 쉽게 변할 수 있다는 사실이다.

그렇기에 인생에서 다시 오지 않을 소중한 지금, 진짜 '나'를 찾기 위해 더욱 노력해야 한다. 세상 사람 어느 누구도 나와 같을 수는 없다. 우리는 모두 다르고 특별한 존재다. 그것을 깨닫는 순간 당신을 위한 또 하나의 새로운 문이 열린다. 언제 바뀔지 모를 세상의 기준에 자신을 맞추느라 애쓰지 말고 오늘부터라도 특별한 자신을 찾기 위해 노력하라.

치열하게 여행하며 보낸 20대가 현재의 나를 만들었다. 나는 여행을 통해서 진짜 나를 발견할 수 있었고, 더 이상 남들과 나를 비교하며 고통스러워하지 않게 되었다. 나는 여기에 머무르지 않을 것이다. 나의 네 번째 버킷리스트 '1년에 다섯 번 해외여행 가기'를 통해 또 한 번 새로운 나를 만나길 꿈꾼다.

50억 원대
자산가 되기

　얼마 전 지인의 추천으로 박종기의 《지중해 부자》라는 책을
읽게 되었다. 주인공인 저자는 부자가 되기를 간절히 원하는 평
범한 사람으로, 우연히 한 지인으로부터 지중해 부자를 소개받게
된다. 그는 수십억 원을 가진 자산가로, 주로 그리스 등 지중해에
머무르며 잠깐 일이 있을 때만 한국에 들르는 사람이었다. 책의
줄거리는 주인공인 저자가 자신의 힘으로 부를 일군 지중해 부자
에게서 어떻게 하면 부자가 될 수 있는지 노하우를 전수받는 이
야기로 이루어진다.

　나는 작년에 가족과 함께 하와이에 다녀오면서 사람이 살기
딱 좋은 날씨와 아름다운 와이키키 해변에 반해 그곳에서 1년의
반을 보내며 살고 싶다는 생각을 했었다. 그리고 우연히 장소 이

동을 위해 탑승했던 택시에서 실제로 많은 부자들이 하와이에 별장을 사서 1년 중 6개월을 보내고 간다는 이야기를 들었다.

나는 지중해 부자가 어떻게 혼자 힘으로 수십억 원의 자산을 일구게 되었는지 그리고 그처럼 살기 위해선 어떻게 해야 하는지 궁금한 마음에 단숨에 책을 읽어 내려갔다.

누구나 부자가 되기를 간절히 원한다. 우리의 이런 마음을 반영이라도 하듯 TV를 틀면 서민갑부 등 자수성가로 부를 일군 사람들의 성공스토리를 추적하는 프로그램을 쉽게 볼 수 있다. 또한 서점에 가도 《부자의 방》, 《부자들의 생각법》 등 부자가 되는 법에 대한 책들이 선반을 가득 메우고 있다.

왜 우리는 이토록 부자가 되기를 간절히 바라는 걸까? 그것은 아마도 우리의 마음속에 진정으로 자유로워지고 싶어 하는 열망이 있기 때문일 것이다. 인간이라면 누구나 원하는 시간에 출근을 하고, 원하는 곳에 언제든지 가고, 갖고 싶은 것은 무엇이든 가질 수 있는 진정 자유로운 삶을 원한다.

나 또한 진정한 자유를 위해 부자가 되기를 간절히 원한다. 부자가 된다면 무엇을 할 것인지 기분 좋은 상상을 하고는 한다. 내가 만약 자유롭게 무엇이든 할 수 있는 50억 자산가가 된다면 다음과 같은 일을 할 것이다.

첫째, 나도 지중해 부자처럼 하와이의 아름다운 와이키키 해변에 나만의 별장을 지을 것이다.

둘째, 내가 가장 좋아하는 유럽식 스타일 정원을 가진 광교 e편한세상 아파트를 살 것이다.

셋째, 언제든지 편하게 글을 쓸 수 있는 나만을 위한 서재를 만들 것이다.

이외에도 부자가 된다면 개인적으로 하고 싶은 일들이 정말 많지만 진짜 이루고 싶은 목표가 한 가지 있다. 바로 어쩔 수 없는 이유로 어린이 보호시설에 가게 된 아이들이 제대로 교육받고 성장할 수 있도록 대학까지 학비와 생활비를 지원해 주는 것이다.

나의 이러한 꿈은 대학교 시절 시작되었다. 나는 유아교육과 출신으로 대학생 때부터 아동복지시설 교사, 어린이 캠프교실 교사로 활동하면서 다양한 환경의 아이들을 접할 수 있었다. 그러면서 점차적으로 아이들이 성장하는 데 있어 그들이 갖고 태어난 환경이 얼마나 중요한지 뼈저리게 느끼게 되었다. 나는 유복하지는 않았지만 어렵지 않은 환경에서 제대로 교육을 받으며 성장했다. 그래서 사실 유아교육과에 들어가기 전까지는 어려운 아이들에 대해 크게 관심이 없었다.

그러나 사회복지시설에서 일하던 중 한 아이를 만나게 되면서 처음으로 이 문제에 대해서 관심을 갖게 되었다. 대학교 2학년 때 우연히 학교 근처 사회복지시설에서 보조교사로 일하게 되었다. 그러던 중 담임교사의 소개로 한 아이의 읽기와 쓰기를 지도하게 되었다. 아이가 열 살이었기 때문에 당연히 무리 없이 책을 읽고 받아쓰기를 해낼 것이라 생각했는데 예상 밖에도 글을 읽지 못해 수업을 중단할 수밖에 없었다.

나는 너무 이상해서 담임교사에게 연유를 물었다. 알고 보니 아이의 아버지는 알코올 중독자였고, 아버지의 행패를 견디지 못하고 어머니마저 집을 나가 가정환경이 매우 좋지 않았다. 아이의 아버지는 아이들의 교육마저 중단시켰다. 얼마 후 아이들이 어린이 보호시설에 가게 될 것 같다는 얘기를 전해 들었다.

이 사건은 나에게는 너무 충격이었다. 아이는 신체적으로 문제가 있었던 것도 아니었고 너무 총명하고 똑똑했다. 그런데 이렇게 멀쩡한 아이가 단지 부모를 잘못 만났다는 이유만으로 글조차 읽지 못하게 되었다는 게 너무 화가 났다. 아이를 돕고 싶었지만 당시 대학생이었던 내가 할 수 있는 일은 없었다. 나는 내 잘못이 아닌 것을 알면서도 같은 어른으로서 그 아이에게 너무 미안했다. 그리고 마음속으로 다짐했다. 내가 스스로 책임질 수 있는 어른이 되면 많은 아이들이 마음 편하게 공부할 수 있는 환경을 만들어 주겠다고, 그래서 아이들이 자유로운 삶을 살 수 있도록 돕겠다고 말이다.

이렇게 나는 어려서부터 내 개인적인 자유를 넘어서 사회적으로 많은 사람들이 자유롭게 살도록 돕고 싶다는 생각을 많이 했다. 그러나 솔직히 이야기하면 가슴에 품은 꿈은 거대했지만 내 앞에 닥친 현실적인 문제들이 더 크게 보였다. 어느새 꿈은 희미해져 가고 있었다.

그러던 중 〈한책협〉의 김태광 코치를 만나게 되면서 가슴 깊이 잠들어 있던 소중한 꿈을 다시 깨울 수 있었다. 일주일에 3시간뿐이었지만 〈한책협〉의 〈책 쓰기 과정〉을 들으며 결심은 더욱 확고해졌다.

이제 나는 꿈쟁이들이 모인 〈한책협〉에서 그들과 함께 나의 꿈에 다가서려 한다. 이제 나의 가슴속에 잠들어 있던 꿈이 멋지게 비상을 시작할 것이다. 그리고 그 꿈은 세상을 바꾸는 작은 기적을 만들어 낼 것이라 확신한다.

버 킷 리 스 트 10

Chapter 5

세계무대로 진출하고 싶은
사람들을 돕는
영어 전문가 되기

· 정수진 ·

정수진

영어 국제회의 통역사, 번역가, 작가

프리랜서 통번역사로 활동하고 있다. 일반 기업, 정부기관, 외국계 기업에서 근무하며 많은 사람을
만나고 다양한 경험을 했다. 인생에서 얻은 경험과 지식을 나누는 가치 있는 삶을 꿈꾼다. 역서로
《콘텐츠 룰》,《Calm: 이토록 고요한 시간》이 있으며 현재 개인저서를 준비 중이다.

E-mail soujean@gmail.com

01

엄마의 꿈을 응원하는
자기계발 멘토, 작가, 강연가 되기

나는 임신 24주에 시작된 조기진통으로 서울대병원 산부인과 조산병동에 입원했다. 갑작스럽게 피가 비친 뒤 찾아온 조기진통은 동네 산부인과에 입원해서 안정을 취해도 잡히지 않았다. 배 속 아이의 몸무게는 겨우 600그램이었다. 이대로 태어난다면 아이가 어찌 될지 장담할 수 없었다. 배 속의 아이가 좀 더 클 때까지 밥 먹을 때와 화장실에 갈 때만 빼고 침대에 누워 있어야 했다.

쌀쌀했던 2월, 갑작스럽게 시작된 입원생활은 벚꽃이 피고 신록이 우거지도록 끝나지 않았다. 2인실에 머무르던 100일 동안 내 옆자리의 환자는 13명이 바뀌었다. 자궁수축억제제인 유토파의 부작용으로 숨은 가쁘고 손은 떨렸지만 혹시나 아이 성격이 나빠질까 봐 억지로 긍정적인 생각을 하려고 노력했다. 병실 옆자리 침대가 빈 날이면 울면서도 배 속 아이에게 노래를 불러 주거나 기도를 하며 시간을 보냈다. 하루도 빼먹지 않고 찾아와 준 친정엄마, 남편, 시댁 식구들과 친구들의 도움으로 무사히 버텼다. 35주 5일 만에 제왕절개 수술로 아이를 낳을 때까지 무려 116일간 병원에서 지냈다.

나는 미국의 몬트레이 통역번역대학원을 졸업하고 국제회의통역사, 이른바 동시통역사가 되었다. 한국에 돌아와 재정경제부(현 기획재정부)를 거쳐 구글에 입사해 직장생활을 하고 있었다. 갑자기 찾아온 조산기에 일주일만 직장을 비우면 될 줄 알았는데 석 달을 넘겼다. 입원기간 내내 회사 일이 걱정되어 마음이 편치 않았다. 병실에서 국제전화로 상사에게 상황을 이야기하니 상사는 괜찮다고, 아이에게만 집중하라고 했다. 고마운 한편, 내 일을 나누어 하는 동료들에게 민폐를 끼치는 것 같아 괴로웠다. 누구나 부러워하는 직장이라 아이를 낳고서도 당연히 계속 일할 생각이었지만, 입원기간이 길어지고 작디작은 아이를 낳게 되자 갈등이 커졌다. 내 팔뚝의 절반만 한 아이를 두고 도저히 직장에 돌아갈 수가 없었다.

결국 그렇게 경력단절 여성 대열에 합류하게 되었다. 그토록 지키고 싶었고, 버텨 줘서 고마운 아이였지만 육아는 생각처럼 쉽지 않았다. 양가 부모님의 도움을 받기도 어려웠고, 남편은 언제나 너무 바빴다. 결혼 전 어렵게 이룬 커리어가 제대로 꽃피워 보지도 못하고 시들어 가는 것을 지켜보는 것은 생각보다 큰 고통이었다. 아이는 잘 먹지도, 자지도 못했다. 잠시만 품에서 내려놓아도 목 놓아 울기만 하니 육아에 서툰 나는 하루하루가 힘들었다.

처음에는 프리랜서로라도 커리어를 이어 갈 생각이었다. 하지만 어쩌다 제안이 들어오는 일은 3주간 송도 연수원에서 숙식하는 일, 열흘간 미국으로 출장 다녀오는 일, 저녁 7시 이후에 나가야 하는 일 등 육아와 병행하기 어려운 일뿐이었다. 몇 번 거절한 데다 전화를 받을 때마다 애가 빽빽 울어 대니(아이는 내가 전화를 받느라 다른 방에 가기만 하면 그렇게 울어 댔다. 안고서 전화를 받아도 우는 것은 마찬가지였다) 결국 나를 찾는 클라이언트도 점차 줄어들었다.

그때가 내 인생의 위기였다. 어떻게든 커리어를 살려 보려고 강의도 나가 봤고, 무리해서 번역도 했다. 아이가 잠이 없다 보니 애를 재우면 밤 11시였는데, 그때부터 일을 시작하면 새벽 2~3시까지 일하기 일쑤였다. 낮에는 아이를 돌보고, 밤에는 일을 하니 몸도 마음도 지쳐 갔다.

하루는 유모차를 끌고 마트에 다녀오다 여성인력개발센터에서 나온 사람들이 경력단절 여성들을 위한 재취업 독려 활동을 하는 것을 보았다. 그들이 나에게 다가와 전단지를 내밀었다. 대낮에 산발한 머리에 아이의 침과 이유식이 묻은 옷을 입고 지친 얼굴이었으니 누가 봐도 도움이 필요해 보였을 것이다. 그들은 나에게 어떤 일이 어울리는지 알아보고 가라고 했다. 잠시 울컥했다. 저기요, 제가 이래 봬도 얼마 전까지는 잘나가던 커리어우먼이었거든요.

어쩌다 일을 하게 되더라도 신경이 곤두섰다. 밤 11시가 되도록 자지 않는 아이에게 화가 났다. 독박육아의 진수를 맛보게 해준 남편에게도 화가 났다. 나 혼자 어떻게든 일과 육아를 병행하려고 아등바등 애를 쓰는데 아무도 도와주지 않으니 우울해지고 부정적인 생각만 들었다. 가만히 누워 있다 '이대로 심장이 멈춰 버릴 수도 있겠구나'라는 생각도 했다.

우울한 생각에서 빠져나오기 위해서, 그야말로 생존을 위해서 닥치는 대로 책을 읽었다. 그러다가 스타강사 김미경의 저서 《살아 있는 뜨거움》을 만났다. 사실 그 책을 고른 동기는 조금 불순(?)했다. 나는 얼마 꽃피워 보지도 못한 커리어가 시들어 버리는 것도 이렇게 아깝고 힘든데, 그렇게 잘나가다가 그 자리에서 내려온 사람은 뭐라고 썼을지 궁금했다. 그런데 작가는 가족, 특히 부모 자식 간의 사랑을 이야기했다. 양장점을 하며 자신을 키워 준 어머니를 지극히 사랑했고, 바빠서 많이 챙겨 주지 못했던 아이들을 애틋해했다. "모든 것을 다 잃어도 가족은 남는다."라는 글을 읽다가 지하철에서 펑펑 울고 말았다. 내 아이도 이렇게 나를 사랑할까. 아마도 그럴 것이다.

그 뒤로 나는 욕심을 내려놓았다. 과거에 대한 미련을 접고 아이를 돌보면서 할 수 있는 일만 조금씩 하면서 내가 미래에 하고 싶은 일이 뭔지 생각해 보았다. 예전에는 업무상 내 의견을 드러내지 않고 다른 사람의 메시지를 가감 없이 전달하는 게 편했다. 그런데 언젠가부터 막연히 내 마음을 표현하고 싶다는 생각이 들기 시작했다. 20대에는 재미있는 일을 하고 싶었고, 30대에는 내가 잘할 수 있는 일을 하고 싶었다면, 40대 이후에는 내 경험을 바탕으로 다른 사람에게 도움이 되는 일을 하고 싶다는 마음이 생기기 시작했다.

아이를 낳은 것도, 아이 곁에 남기로 한 것도 나의 선택이다. 선택에 대한 책임을 지는 것이 성숙한 인간이라면, 나는 성숙할 기회를 참 늦게 맞이한 셈이다. 내 선택을 온전히 받아들이기로 하자 마음의 평화가 찾아왔다. '엄마는 거목이 되어야 한다'라는 친정엄마의 말씀처럼, 남편과 아이를 품는 거목이 되어 보기로 마음먹자 비로소 편안해졌다.

샤론 코칭 앤드 멘토링 연구소 대표 이미애는 저서 《오늘 엄마가 공부하는 이유》에서 아이를 양육하는 시간은 고작 10년이라며, 아이를 양육하는 동안 엄마들도 제2의 인생을 준비해야 한다고 역설한다. 나도 아이가 여덟 살이 된 지금 생각해 보니, 아이를 낳고 왜 그렇게 마음이 조급했는지 모르겠다. 이왕 아이를 낳고 곁에 있기로 결정했으니 마음을 편하게 먹고 나만 바라보는 아이의 눈빛을 온전히 받아들였다면 좋았을 텐데 말이다. 그러다 보면 어느샌가 아이가 자라 유치원이나 학교에 갈 것이고 그 시간 동안 무언가를 할 수 있게 될 것이다. 놓친 커리어를 아까워하며 한탄하기보다 다시 기회가 찾아온다는 것을 알고 대비했다면 좋았을 것이다.

꿈은 내가 놓지 않는 한 사라지지 않는다. '엄마'라는 역할을 유난히 어렵게 받아들인 나는 이제 다른 꿈을 꾼다. 내 경험을 바탕으로 책을 쓰고 강연을 할 것이다. 일과 육아를 병행하느라 힘든 사람들과 경력단절로 인해 힘들어하는 사람들에게 앞으로 기회는 또 온다고 다독여 주고 싶다. 예전의 커리어를 이어 가고 싶은 사람이나 새로운 커리어를 만들어 가고 싶은 사람에게도 아이가 조금만 더 크면 분명히 기회가 올 것이라는 메시지를 전달하고 싶다. 그러니 지금 마음껏 행복하라고, 걱정하지 말고 행복하라고 말이다.

세계로 진출하고 싶어 하는
사람들 돕기

우리나라 사람들은 영어에 대한 욕심이 많다. 많은 사람들이 영어를 마스터하기를 바라고 영어 점수에 울고 웃는다. 영어를 못해서 한이라는 사람도 많다. 나도 영어를 잘하고 싶었다. 어려서부터 영어로 말을 하고 글을 쓰는 일이 너무 좋았고 누구보다 잘하고 싶었다. 그래서 직장생활을 5년 정도 하면서 자금을 모았다. 그리고 2004년 미국으로 유학을 떠나 많은 노력 끝에 통번역사가 되었다.

통번역사가 되어서도 열심히 살았다. 재정경제부(현 기획재정부)에 에디터로 들어간 다음에는 열심히 금융 및 경제 용어를 배웠다. 소속 부서에서 국제회의가 있을 때면 항상 동행했다. 다른 부서에서 미국 출장 통역이 필요하다고 하면 상사에게 부탁해서라도 다녀왔다. 잘한다는 말을 듣고 싶어서 무조건 노력했다. 한·중·일 3개국 장관회의 때는 어찌나 긴장이 되던지 연설문 원고를 통째로 다 외워 버렸다. 회의 시작 3시간 전부터 연설문을 소리 내어 백 번 정도 외우면서 돌아다녔더니 옆 부스에 있던 외국인들이 웃으며 "너 잘한다. 잘할 테니 너무 걱정 마라."라고 이야기해 주었다.

결혼식 전날에도 밤늦게까지 존경하는 교수님의 논문을 번역했다. 결혼식 날 식장으로 향하는 차 안에서 번역은 다 되었느냐는 교수님의 전화를 받았다. 새벽에 보내 드렸다고, 지금 결혼식장에 가는 길이라고 웃으면서 말씀드렸더니 번역료에 축의금까지 두둑하게 보내 주셨던 기억이 난다.

구글로 직장을 옮긴 다음에도 새벽까지 일하는 것은 당연했다. 구글 제품들은 미국에서 개발되기 때문에 모두 번역을 거친다. 나는 번역을 직접 담당하기도 했고, 외부 업체에서 번역한 내용을 감수하기도 했다. 좋아하는 일이었기에 아이를 낳고 키우면서도 어렵게 시간을 내서 실리콘밸리에 있는 IT 기업들이 의뢰한 원고를 번역하거나 감수했다. 지금은 에어비앤비의 프리랜서 번역사로도 일하고 있으며, 3권의 책도 번역했다.

지금까지 영어와 관련된 일을 하면서 수많은 사람을 만났고 다양한 경험을 했다. 후회 없이 열심히 일했고 하고 싶던 일도 거의 다 해 봤다. 덤으로 평소에 품었던 '영어가 중요한가, 콘텐츠가 중요한가?'에 대한 답도 얻을 수 있었다.

국제회의 현장에서 그동안 영어만 잘하는 사람, 영어도 잘하고 자신만의 콘텐츠도 있는 사람, 영어는 못하지만 콘텐츠가 확실한 사람 등을 많이 보았다. 결론부터 이야기하자면 가장 이상적인 사람은 당연히 영어도 잘하면서 자신만의 콘텐츠가 확실한 사람이다. 최고 실력자들이 모이는 자리에는 그런 사람들이 꽤 있었다. 그 경지에 이르기까지 어마어마한 노력을 쏟아부었으리라.

다음으로 돋보이는 사람은 영어는 못해도 아이디어가 좋은 사람이다. 국제회의는 길고 따분하다. 영어를 잘해도 차별화되는 메시지가 없으면 청중은 듣지 않는다. 나의 직장 상사들은 유머 감각이 뛰어나고 아이디어가 넘쳤다. 그들이 마이크를 잡으면 졸고 있던 외국 대표들도 일어나 의자를 끌어당겨 앉았다. 그들은 영어 실력이 뛰어나지는 않았지만 간결하고 정확하게 자신의 생각을 전달하는 능력을 갖고 있었다. 그리고 인품과 아이디어는 언어 장벽을 뛰어넘어 사람들의 주의를 잡아끄는 매력이 있었다. 많은 사람들이 그들을 벤치마킹하면 좋겠다고 생각했다.

의료인들이 모이는 국제학술회의도 마찬가지였다. 영어가 조금 어설프더라도 새로운 시술 테크닉을 발표하면 관심 있는 사람들은 발표가 끝나기가 무섭게 찾아와 질문하고 구두로 의사소통이 힘들다고 생각하면 이메일로 연락을 시도했다. 영어보다 콘텐츠가 더 중요하다는 것을 나는 현장에서 뼈저리게 느꼈다.

영어는 날개다. 영어만 잘하고 콘텐츠가 없다면 최고가 될 수 없다. 하지만 콘텐츠에 영어 실력까지 있는 사람에게는 세계무대가 열린다. 콘텐츠는 있지만 영어를 못한다면 전문가의 도움을 받으면 된다. 실제로 구글은 뛰어난 엔지니어를 영입하기 위해 통역사를 동원하기도 한다. 2016년 3월 〈매일경제〉에는 다음과 같은 기사가 실렸다.

"지난해 서울 소재 대학 컴퓨터공학과 석사과정에 재학 중이던 A씨는 소프트웨어(SW)와 관련된 몇 편의 논문을 발표했다. 학계에서 반응이 좋았다. 며칠 뒤 구글에서 한 통의 이메일을 받았다. 면접을 보러 오라는 내용이었다. A씨는 '영어를 잘하지 못해서 면접을 볼 수 없다'고 회신했다. 구글에서는 '통역을 붙여 주겠다'며 끝까지 A씨에게 면접을 요청했고 결국 A씨는 구글에 입사했다."

내가 만난 사람들 중에도 그런 사람들이 있었다. 그들을 지켜보면서 나도 언젠가는 뛰어난 콘텐츠가 있지만 영어 실력이 부족해서 어려움을 겪는 사람들을 돕고 싶다는 생각을 하게 되었다.

유학 전 직장생활을 하던 시기에 전국발명품경진대회에서 최고상을 수상하고 국내 유수의 사립대학에 특기생으로 입학한 학생을 만났다. 환경은 좋지 않았지만 꿈 많고 의젓한 아이였다. 자신은 영어와 수학 실력이 부족하다며 걱정을 많이 했다. 그 아이가 대학에 잘 적응하고 졸업했을지 궁금하다. 우리나라에서 그 아이가 꿈을 펼칠 수 있을까? 미국이었다면 대학을 중퇴하고 자신만의 아이디어로 스타트업을 차리고 투자자를 만나 대성했을지도 모른다. 뛰어난 아이디어를 가진 사람이 영어가 부족해서 기회를 놓친다면 너무 안타깝고 아쉬운 일이다.

올해 초 해외출장을 다녀온 남편이 재미있는 이야기를 해 주었다. 업무상 만난 싱가포르인과 이야기를 나누다가 자신의 영어가 부족하다고 말했단다. 그랬더니 그 사람이 고개를 저으며 한국인은 영어를 잘한다고 했다는 것이다. 일본인은 듣기는 되는데 말하기가 안 되고, 중국인은 말하기는 되는데 듣기가 안 된단다.

반면에 한국인은 듣기와 말하기를 다 잘해서 좋단다. 웃자고 한 이야기겠지만 맞는 소리 같다. 상대방의 의중을 제대로 파악하고 내 생각을 간결하고 정확하게 전달할 수 있으면 된 것이다. 그 다음에 취업이나 승진처럼 각자 자신에게 필요한 만큼 공부하면 된다. 굳이 원어민 수준까지 영어를 끌어올리려고 스트레스받지 말자. 그 시간에 나만의 독창적인 콘텐츠와 아이디어를 갈고닦는 것이 세계무대에서 경쟁력을 높이는 비결이다. 이미 확실한 콘텐츠가 있는데 영어가 부족해서 걱정이라면 그런 점을 채워 줄 수 있는 전문가를 찾으면 된다.

앞으로 나는 나의 도움을 필요로 하는 사람들을 위한 영어 프레젠테이션·피칭 코치가 되고 싶다. 특히 세계무대로 나아가고 싶은 스타트업과 1인 기업가들에게 도움이 될 만한 조언을 해 주고 싶다. 나는 미국 캘리포니아에서 공부하고 구글에서 일했던 경험 때문에 평소 스타트업에 관심이 많았다. 아이를 낳고 나서는 부쩍 1인 기업에 관심을 갖게 되었다. 요즘의 경제상황과 트렌드를 보면 앞으로 자신의 콘텐츠를 바탕으로 1인 기업가로 나서는 사람들이 더욱 많아질 것이다. 또한 그동안 일하면서 콘텐츠 제작 분야에서 글로벌 프로젝트 차원으로 펀딩을 위해 피칭 포럼에 참여하는 경우도 종종 보았다. 프레젠테이션과 피칭의 중요성이 점점 중요해 지는 이 시대에 세계무대로 나아가기 위해 도움이 필요한 사람이 있는가? 그렇다면 나를 찾아오라. 내가 날개가 되어 줄 것이다.

온 가족
밀리언마일러 되기

20대 초반부터 나 혼자 진행한 프로젝트가 있다.

'1년에 한 나라 다녀오기'

우리나라 사람들은 여행을 참 좋아하는 것 같다. 하지만 여행 취향은 저마다 다르다. 나는 한 번에 여러 나라를 둘러보는 것보다는 한 나라 또는 한 도시에 오래 머무르면서 현지 분위기를 충분히 느껴 보는 편을 선호한다. 그래서 에어비앤비의 모토, '여행은 살아 보는 거야'에 깊이 공감한다.

또한 관광 명소에서 인증 사진만 찍는 것보다 현지인들의 생활을 경험해 보는 편을 좋아한다. 그래서 1년에 한 나라에 집중하기로 했다. 내가 몇 살까지 살지는 모르겠지만 죽기 전에 가 보고 싶은 곳은 다 가 볼 수 있지 않을까? 직장생활을 하면서도 돈이 많을 때는 유럽으로, 돈이 없을 때는 동남아로 1년에 한 번씩은 꼭 여행을 떠났다.

유학 전에 다닌 직장에서도 해외출장이 많았다. 배를 타고 중국 청도를 가 보기도 했고, 바둑 대국이 열리는 중국 곤명에서 소수민족들의 독특한 문화를 체험하기도 했다. 우수한 학생들을 인솔해 독일, 영국, 네덜란드, 프랑스로 유럽 박물관 투어를 다녀오기도 했다. 휴가를 내고 스페인 일주를 하기도 했고, 친구가 있는 포르투갈을 방문하기도 했다.

통번역사가 되고 나서는 미국 워싱턴 DC에서 교육을 받았고, 하와이에서 첫 동시통역을 했다. 국제회의 참석차 중국을 열 번 이상 다녀왔고, 베트남의 열기를 느껴 보기도 했다. 방콕에서 맛있는 음식을 즐기기도 했고, 호주의 아름다운 자연을 마주하기도 했으며, 시엠레아프의 묘한 분위기에 젖어 보기도 했다. 직장을 구글로 옮기고 나서는 미국 본사에서 전 세계 친구들을 만났다. 아일랜드로 출장을 떠나던 날 비행기가 폭풍우에 결항되는 바람에 영국에서 발을 동동 구르기도 했던 기억이 난다.

모두 결혼하고 아이를 낳기 전에 나 혼자 또는 직장동료들과 함께 경험했던 일들이다. 재미도 있었지만 혼자 호텔방에서 밤을 맞을 때면 늘 쓸쓸했다. 커튼 사이로 들어오는 불빛이 그렇게 처량할 수가 없었다. 그럴 때면 항상 언젠가 가족과 다시 오겠다고 다짐했었다.

막상 결혼해서 아이를 낳게 되자 여행은 뒤로 미뤄졌다. 우리 시부모님은 유난히 여행을 좋아하셔서 안 다녀온 데가 없으시다. 가끔 시부모님과 여행 이야기를 하다 보면 훌쩍 떠나고 싶은 마음을 억누를 수가 없었다. 국내 여행으로 만족하다가 아이가 점차 자라니 한동안 보류했던 '1년에 한 나라 다녀오기' 프로젝트를 다시 시작하고 싶었다.

5년 전, 마침내 프로젝트를 다시 시작할 기회가 찾아왔다. 남편이 직장 일로 일본 오사카에서 한 달간 연수를 받게 되었다. 온 가족이 일본에서 한 달간 사는 건 쉬운 일은 아니었다. 숙소 구하기부터 시작해서 난관이 많았다. 짐을 너무 많이 싸서 오사카 공항에 도착하자마자 가방이 터지는 사태도 발생했다. 하지만 세 살짜리 아이를 들쳐 업고 떠난 여행에서 우리 가족은 평생 잊지 못할 추억을 많이 쌓을 수 있었다.

말도 제대로 통하지 않았지만 대중교통을 이용해서 이곳저곳을 다녔다. 고베와 나라 등 인근 도시도 여행했다. 아이는 나라에서 사슴들에게 직접 먹이를 먹여 준 것을 지금도 잊지 못한다. 일본인들이 추천해서 다녀온 시라하마는 당시 우리나라 사람들에게 많이 알려진 관광지는 아니었지만 '일본의 하와이'라 불릴 만큼 아름다운 곳이었다. 즐거웠던 만큼 가족 간의 유대감도 깊어진 시간이었다.

나는 여행을 좋아하는 편이다. 직장생활을 하면서 진정한 여행의 고수를 만난 적이 있다. 그분은 내가 처음으로 만난 밀리언마일러였다.

항공사 마일리지 클럽에 가입하면 비행기에 탑승할 때마다 마일리지가 쌓인다. 대한항공 모닝캄(5만 마일리지로 시작) 정도는 되기 어렵지 않다. 하지만 100만 마일리지를 쌓기란 쉽지 않다. 한 항공사만 꾸준히 이용하기도 어렵거니와 매번 마일리지가 적립되는 항공권으로 여행하기도 쉽지 않다.

열심히 출장과 여행을 다닌 나는 30만 마일리지 정도를 모았었다. 그나마도 비행기 좌석 업그레이드에 써 버려서 지금은 많이 남아 있지 않다.

여행의 고수인 그분은 여행을 너무 좋아해서 언제든 원할 때마다 떠났다. 주말을 이용해서 소리 소문 없이 조용히 다녀오는 일도 다반사였다. 보통 지진이나 쓰나미처럼 자연재해가 닥친 지역은 사람들이 기피한다. 그런데 그분은 '자연재해는 한 번 닥친 곳에는 당분간 다시 오지 않는다'라고 하며, 그 지역 항공권이나 여행 패키지 상품 가격이 폭락한 틈을 타 얼른 그 지역에 다녀오곤 했다. 사람도 별로 없고 한산해서 좋았다나. 그분의 용기(?)가 놀라울 따름이었다.

나는 우리 가족이 모두 밀리언마일러가 되기를 꿈꾼다. 남편과 아이와 함께 항저우 서호를 산책하고, 진시황릉도 가 보고, 북경 자금성도 둘러보고, 만리장성에도 오르고 싶다. 소달구지를 한 시간은 타고 나가야 읍내에 이르는 중국의 시골마을에서 지내면서 소수민족들의 소박한 삶을 아이에게 보여 주고 싶다.

베니스 산마르코 광장을 같이 돌아보고, 바티칸 미술관에 들어가기 위해 아침부터 길게 줄을 서 보고 싶다. 런던에서 한 달쯤 머무르며 미술관과 뮤지컬을 즐기고 싶고, 바르셀로나에서 가우디의 매력 넘치는 건축물들을 둘러보고 싶다. 오래된 구시가지와 현대적인 분위기가 잘 어우러진 포르투갈 리스본도 가고, 파티마에서 외국인 신부님에게 고해성사도 하고 싶다.

유난히 단풍이 아름다웠던 밴쿠버도 다시 가고 싶고, 창문을 다 열어 놓고 사는 네덜란드도 다시 가고 싶다. 북극의 오로라도 보고 싶고, 아이 소원인 덴마크의 레고랜드에도 꼭 가야 한다. 태국의 수상가옥과 금빛 사원도 가족과 함께 다시 보고 싶고, 지난번에 미처 가지 못했던 앙코르와트도 꼭 가고 싶다. 하와이의 아름다운 자연을 즐기고, 시드니의 오페라하우스에서 오페라도 관람하고 싶다. 뉴질랜드의 아름다운 풍광도 누리고 싶고, 이집트의 피라미드도 보고 싶다.

친정 부모님과 시부모님이 더 나이 드시기 전에 모시고 함께 여행을 가고 싶다. 가족과 함께 즐거운 시간을 보낼 수 있는 곳이라면 어디든 좋다. 시간과 돈이 많이 필요하겠지만, 서두르지 않고 1년에 한 나라씩 꾸준히 다니면서 추억을 쌓을 생각이다.

아이를 키우다 보니 곳곳에서 '글로벌 리더', '글로벌 인재'를 외치는 모습을 볼 수 있다. 글로벌 시대를 이끌어 가는 리더로 키워야 한단다. 나는 내 아이를 '글로벌 리더'보다는 '글로벌 시티즌'으로 키우고 싶다. 다른 나라 사람들을 은근히 경쟁 상대로 여기게 하는 '글로벌 리더'라는 표현이 나는 마음에 들지 않는다.

그보다는 아이가 '다른 것'이 '틀린 것'이 아님을 알았으면 좋겠다. 다른 문화도 있는 그대로 존중할 줄 알았으면 좋겠다. 자연이면 자연, 문화면 문화, 우리나라뿐만 아니라 세계의 소중하고 귀한 유산을 제대로 누릴 수 있는 사람이 되었으면 좋겠다. 그리고 글로벌 시대에 맞는 에티켓과 상식을 갖춘 사람이 되었으면 하는 마음이다. 돌이켜 보면, 20대에 '1년에 한 나라 다녀오기' 프로젝트를 시작한 나도 그런 사람이 되고 싶었던 것 같다.

이제 나는 '1년에 한 나라 다녀오기' 프로젝트를 '온 가족 밀리언마일러 되기' 프로젝트로 업그레이드하려고 한다. 매년 남편과 아이와 함께 낯선 곳에서 즐거운 시간을 보내며 행복한 삶을 누릴 것이다. 여행하면서 맞닥뜨리는 온갖 상황을 함께 헤쳐 나가다 보면 가족 간의 유대감도 돈독해진다. 삶의 활력소로도 여행은 필수다. 온 가족이 밀리언마일러가 되는 그날까지 나는 여행을 멈추지 않을 것이다.

그림책 출간해
전 세계 베스트셀러 작가 되기

나는 어릴 때부터 책을 좋아했다. 아빠의 사전에 마구잡이로 낙서하기도 했고, 오래된 종이 냄새가 좋아서 책에 얼굴을 묻고 킁킁대기도 했다. 유치원에서 내가 그린 그림들을 모아서 '책'을 만들어 주었을 때, 세상에 '작가'라는 직업이 있다는 것을 처음 알았다. 그리고 그날부터 작가가 되기를 꿈꾸었다.

초등학교 입학 후에는 도서관 서가를 돌아다니며 세상에 이렇게 많은 책이 존재한다는 사실에 놀랐다. 길을 잃을까 봐 조금 무섭기도 했다. 모든 그림책은 예쁘고 재미있었다. 선생님이 읽어 주시는 이야기들은 그렇게 재미있을 수가 없었다.

부모님은 책을 많이 사 주시지는 않으셨다. 마트나 서점에 가면 둘러보고 가장 마음에 드는 책을 딱 한 권만 고르라고 하셨다.

결정을 내리기가 너무 어려웠다. 한 권만 고르라니, 이것도 재밌고 저것도 재밌는데! 어쩌면 그렇게 감질나게 책을 사 주신 게 나를 꾸준히 책 읽는 사람으로 키운 비결일지도 모르겠다.

어느 날, 서점에서 《이상한 나라의 앨리스》를 만났다. 어린이를 위해서 짧게 각색된 버전이 아니라, 일러스트가 포함된 완역본이었다. 어린아이가 읽기에는 어려운 책이었다. 하지만 첫 페이지에 나오는 토끼 그림에 완전히 반해 버렸다. "바쁘다, 바빠!" 시계 토끼 그림이었다. 매일 책을 쓰다듬으며 좋아했던 기억이 난다. 30년 후 항상 마감에 쫓기는 내 모습이 이 토끼와 비슷할 줄은 그때는 정말 몰랐다. 하하.

초등학교 시절, 나는 전학을 많이 다녔다. 6년 동안 총 세 번 전학을 했다. 친구가 생길 만하면 이사했다. 새로운 곳으로 전학을 가서 어색할 때, 친구가 아직 없어서 혼자 도시락을 먹을 때, 나는 늘 책을 읽었다. 원래 부끄러움이 많고 내성적이라 책에 빠져 있는 시간이 가장 행복했다. 이런저런 이야기를 읽으며 상상의 세계에 빠져 있다 보면 낯선 곳에 와 있다는 두려움도 없어졌다. 그렇게 책은 나의 든든한 친구가 되어 주었다.

중학생이 되자, 진로를 고민하기 시작했다. 제일 되고 싶은 건 작가인데, 작가가 되기에는 창의성이 너무 없다는 생각이 들었다. 글재주도 딱 논술시험 볼 만큼만 있는 것 같았다. 인생(?)도 너무 평탄해서 쓸 거리가 없을 것 같았다. 지금 생각해 보니 고등학교 때까지의 인생이 누군들 대단하랴마는… 아쉬운 대로 여러 나라의 문학작품을 비교하는 비교 문학을 공부하고 싶다는 생각에 대학 전공은 영문학으로 정했다. 그리고 결국 영어 전문가가 되겠다고 통번역사의 길을 걷게 되었다.

한동안 작가라는 꿈에서 멀어져 있었지만 완전히 잊은 것은 아니었다. 번역에도 창의성을 필요로 하는 분야가 있다. 아직 사람들에게 생소한 트랜스크리에이션(transcreation)이라는 분야다. 번역을 뜻하는 translation과 창작을 뜻하는 creation의 합성어로, '창의적 번역'이라는 뜻이다. 주로 광고나 마케팅 분야에서 이뤄진다. 보통 번역에서는 번역자에게 자유가 허락되지 않는다. 분야마다 차이는 있지만 원문에 충실하지 않으면 문제가 된다. 그런데 영어로 제작된 광고나 마케팅 자료는 한국어로 그대로 옮겼을 때 의미나 느낌이 제대로 전달되지 않고 심지어 어색할 때도 있다. 그럴 때는 단순 번역을 넘어서야 한다. 원문을 접한 독자와 번역문을 접한 독자가 같은 임팩트를 느낄 수 있도록 의역하거나 재해석해야 한다. 이것이 바로 트랜스크리에이션이다.

번역 일을 하는 동안 나는 유독 트랜스크리에이션에 흥미를 느꼈다. 관련 프로젝트에서 좋은 평가를 받기도 했다. 내가 담당한 프로젝트가 "beautifully transcreated"되었다는 평가를 받으면 그렇게 뿌듯할 수가 없었다. 자신감이 생겼고 앞으로도 이 분야에 집중하고 싶다는 생각이 들었다. 나아가 언젠가는 내 이름으로, 내 생각을 담은 책을 만들어 보고 싶다는 꿈도 다시 꿈틀대기 시작했다. 그래서 〈한책협〉을 찾게 되었다. '전 국민 1인 1책 쓰기 운동'을 펼치고 있는 김태광 코치의 책을 접하고 무릎을 탁 쳤다. '그동안 나는 작가라면 순수문학을 해야 한다는 고정관념에 사로잡혀 있었구나!' 김태광 코치는 저서 《서른여덟 작가, 코치, 강연가로 50억 자산가가 되다》에서 '작가가 되지 못하는 열 가지 비결'을 이렇게 설명했다.

첫째, 위대한 작가가 되려고 노력한다.

둘째, 워드를 잘 치지 못한다고 겁부터 낸다.

셋째, 문서 편집 요령을 통달할 때까지 글쓰기를 미룬다.

넷째, 먼저 문학박사 학위부터 따고 나서 글을 쓰겠다고 결심한다.

다섯째, 출판사로부터 퇴짜 맞을지 모른다는 두려움을 극복할 때까지 기다린다.

여섯째, 책을 낼 가능성이 희박하다고 스스로를 자책한다.

일곱째, 남들이 보면 비웃을 거라고 걱정한다.

여덟째, 너무 더워서, 너무 추워서, 너무 습해서, 날이 너무 좋아서 글쓰기 싫다고 불평한다.

아홉째, 첫 문장을 쓰기 전에 모든 문학 사조를 분석한다.

열째, 사람들을 감동시킬 멋지고 화려한 말만 골라 쓴다.

너무 내 이야기 같아서 웃음이 났다. 그동안 나는 작가가 되지
못할 핑계만 찾고 있었다. 이제 나는 내 경험과 지식을 바탕으로
용감하게 나의 생각을 책에 담고 싶다. 정확하고 충실하게 누군가
의 생각을 전달하는 게 아니라, 나 자신을 드러내기를 두려워했던
예전의 모습에서 벗어나, 나의 생각을 담담하게 드러내고 싶다.

나의 경험과 지식을 담은 책만 써도 행복할 텐데, 어린 시절
꿈꿨던 것처럼 그림책을 만들고 싶다면 너무 허무맹랑한 꿈일까?
어린 시절 마음의 위안이 되어 주었던 책들처럼, 나도 아이들에게
따스한 위안이 될 수 있는 책을 만들고 싶다.

올해 딸아이가 입학한 초등학교에는 학부모가 아침에 15분간
그림책을 읽어 주는 시간이 있다. 나도 학교에 가서 아이 반 친구
들에게 책을 읽어 주었다. 눈을 크게 뜨고 내가 읽어 주는 책에
집중하는 아이들의 모습이 그렇게 귀여울 수가 없었다. 내 어린
시절이 떠오르며 책이 얼마나 큰 즐거움을 주었는지 기억이 났다.
그림책을 만들어서 많은 어린이들을 만난다면 그보다 큰 즐거움
과 영광이 있을까 싶다.

어릴 때부터 작가, 그림책 작가가 되는 것이 꿈이었지만 항상

'내가 과연 할 수 있을까?', '그림을 전공한 것도 아니고 창의성도 없잖아?'라는 부정적인 생각에 접어 두고만 있었다. 하지만 내 나이도 절대 늦은 것은 아니다. 미국의 국민 화가 모지스 할머니는 75세에 그림을 배우기 시작했다고 하지 않는가. 나는 이제 의심과 두려움을 버리고 꿈에 도전할 마음의 준비가 되었다. 이제부터 조금씩 준비해서 외동딸이 외로울 때 슬쩍 열어 볼 수 있는 그림책, 엄마의 마음이 담긴 따뜻한 그림책을 만들어 주고 싶다. 그리고 그 책이 베스트셀러가 된다면 더없이 기쁠 것이다.

재충전·재도약을 위한
시간 갖기

내가 직장생활을 시작한 2000년은 지금과는 사회적 분위기가 많이 달랐다. 아직 IMF의 그림자가 남아 있었지만 취업을 원하면 웬만큼 취직이 가능했다. 지금 우리나라 청년들이 겪는 어려움을 보면 너무 안타깝고 내가 얼마나 운이 좋았는지 다시금 느낀다. 일하고 싶은 사람은 나이와 경험을 불문하고 언제라도 좋은 일자리를 얻을 수 있는 시대가 오기를 간절히 바란다.

내가 대학교 4학년 때, 동아일보에서 인턴사원을 뽑는다는 공고가 났다. 2주간 인턴 기간을 거친 뒤 평가를 통해 정직원이 될 수 있다는 내용이었다. 졸업 후 권위적이고 조직 중심인 직장생활에 잘 적응할 수 있을지 자신이 없었던 나는 '이거다!' 싶었다. 2주간의 직장생활 체험! 내가 과연 직장생활을 잘해낼 수 있을지 알아볼 절호의 기회였다. 바로 지원했다.

필기시험 이후 몇 차례 면접이 이어졌다. 그때를 생각하면 지금도 웃음이 난다. 인연이 되려고 그랬는지 유난히 떨지 않고 배짱 있게 면접에 임했다. "술 좀 하나?"라는 질문에 웃으며 "조금 합니다."라고 대답했다. "조금(밖에 못) 합니다."라는 뜻이었는데, 나중에 내 상관이 된 국장님은 "좀 합니다."라는 뜻으로 들으셨다며 여러 번 놀리셨다.

그런데 놀라운 일이 일어났다. 이번에 인턴사원으로 합격한 사람들은 인턴 기간 없이 바로 정직원으로 채용한다는 것이었다. 얼마나 얼떨떨했는지 지금도 기억이 난다. 상상도 못했던 행운이었다.

그렇게 오해(?)에서 비롯된 동아일보에서의 직장생활이 시작되었다. 내 나이 스물한 살이었다. 당시 동아일보 70여 년 역사상 최초의 대졸 여사원이었다. 대졸 여기자는 이미 많았지만 업무직 대졸 여사원은 내가 처음이었다. 나는 간절히 희망했던 문화사업팀으로 배치되었다. 동아일보에서 주최하고 후원하는 모든 문화행사를 주관하는 팀이었다. 클래식, 국악, 무용 콩쿠르와 공연을 담당하게 되었다. 천방지축 실수만발 어리바리 막내 사원이었지만 좋으신 직장 상사들과 선배들 덕분에 금세 적응할 수 있었다.

우연히 시작된 직장생활이었지만 동아일보에서의 5년간의 근무는 내 인생에서 너무나 소중한 경험이었다. 행사 기획, 섭외에서

부터 홍보, 예산 집행과 결산에 이르기까지 프로젝트 운영 전반을 배울 수 있었고, 우리나라 문화계 인사들을 가까이에서 또는 먼 발치에서 뵐 기회가 있었다. 자신의 분야에서 놀라운 업적을 이룬 분들은 항상 좋은 자극이 되었다. 비록 야근도 많고 일은 정신없이 쏟아졌지만, 크고 작은 행사를 진행하며 즐겁고 신나게 일했다.

그러나 시간이 흐르면서 나도 전문가로 성장하고 싶어졌다. 아무리 생각해 봐도, 내가 잘할 수 있는 일은 글쓰기와 영어였다. 통번역사가 되기로 마음을 먹고 미국으로 유학을 떠났다. 동아일보를 떠날 때 상사분들은 많이 섭섭해하셨지만 응원도 많이 해 주셨다. 유학 후 구글 입사 면접 때는 레퍼런스로 든든한 힘이 되어 주시기도 했다.

나는 미국 몬트레이 통역번역대학원에서 영어에만 매진하며 실력을 끌어올렸다. 눈뜰 때부터 잠자리에 들 때까지 영어에만 매달렸다. 고3 때보다 더 열심히 공부했다. 동시통역사가 될 정도로 실력을 갖추는 것은 쉽지 않았다. 한 해에 단 몇 명에게만 주어지는 자격이라 시험에 통과하기 위해 간절히 노력했다. 얼마나 간절했는지 졸업시험 전날 밤 집채만 한 하얀 호랑이를 잡는 꿈을 꿨다. 다음 날 졸업시험에는 내가 준비한 문제가 나왔다. 결국 시험에 합격하고 동시통역사가 되었다.

그로부터 벌써 10년이 지났다. 좋아서 선택한 일이었지만 때로는 힘들었다. 며칠 전만 해도 클라이언트 A의 일이 몰아치는데 클라이언트 B에게서 독촉메일이 날아오고 정신을 차려 보니 클라이언트 C의 원고 마감이 코앞이었다. 그것도 꼭 가족여행을 가기 전날 마감이다. 아이를 키우며 일의 쓰나미에 허덕이다 보니 제시간에 잘 수만 있어도 감사했다.

나는 지치고 힘들 때면 몬트레이의 바닷가 사진을 본다. 조용하고 한적하지만 따뜻한 햇살과 푸르른 바다, 그림 같은 집들이 아름다운 곳이다. 항구에 정박한 하얀 요트, 부서지는 파도, 신선한 공기가 그립다. 힘들고 어려웠던 유학시절에는 바닷가를 산책하며 기운을 되찾곤 했다. 지금도 사진을 보면 그때의 초심이 떠올라 마음을 다잡고 힘을 내게 된다.

그동안 동아일보, 재정경제부, 구글처럼 좋은 직장을 경험하고 좋아하는 영어로 전문가 대접을 받은 나는 참 복 받은 사람이다. 이제는 나도 내 경험과 지식을 바탕으로 다른 사람들에게 조금이나마 도움이 될 수 있다면 좋겠다. 그래서 짧으면 1년, 길면 2~3년 정도 준비기간을 갖고 미래를 위해 차근차근 필요한 것들을 준비하고 싶다.

가장 먼저 준비하고 싶은 것은 건강이다. 아이를 돌보고 살림을 하는 시간을 빼고는 앉아서 번역을 하다 보니 허리가 많이 약해졌다. 최근 1년 사이에 제대로 걷지 못할 정도로 심한 요통을 두 번이나 겪었다. 엑스레이로는 별문제 없다니 결국 운동 부족이다. 항상 시간에 쫓기다 보니 운동은 늘 우선순위에서 밀렸다. 하지만 이대로 가다가는 내가 원했던 것들을 제대로 이뤄 보지도 못하고 허리가 아파서 꼼짝 못하는 신세가 될지도 모른다. 더 늦기 전에 꾸준히 운동에 시간을 투자하며 건강을 되찾고 싶다.

두 번째로 〈한책협〉의 〈책 쓰기 과정〉에 등록해서 나만의 책을 쓸 준비를 차근차근 하고 싶다. 일정상 올해는 어렵지만 내년에는 모든 일을 제쳐 두고 수업을 들을 생각이다. 원문이 있는 번역도 어려운데, 창작은 훨씬 더 어려울 것이라 예상한다. 하지만 2017년은 오랫동안 품어 온 작가의 꿈을 꼭 이뤄 내는 한 해로 만들겠다.

세 번째로 1인 기업가가 되기 위해 필요한 준비를 하고 싶다. 그동안 나는 프리랜서로서 주어진 일을 받기만 하는 위치였다. 하지만 이제는 좀 더 주도적으로 일하고 싶다. 통번역에서 업무의 범위를 넓히고 싶기도 하다. 나의 경험으로 남에게 도움을 줄 수 있는 1인 기업가가 되고 싶다. 그러기 위해서 1인 기업가 마인드를 갖추고 필요한 것들을 채워 나갈 계획이다.

네 번째로 그동안 쌓아 놓기만 했던 책들을 실컷 읽고 블로그에 내용을 정리해 두고 싶다. 자녀교육서에서부터 부동산 투자 서적까지, 온갖 책을 우리 집 서재에 구비해 두었다. 그런데 통 책을 읽을 시간을 내기도 어려웠고, 요즘은 집중해서 읽지 않은 탓

인지 나이 탓(!)인지 읽은 책 내용도 돌아서면 잊어버린다. 그동안 읽었던 책의 밑천도 바닥난 요즘, 어서 책으로 마음을 채워야겠다는 생각이 든다.

다섯 번째로 일러스트를 배우고 싶다. 나는 어릴 때부터 그림 그리기를 좋아했다. 언제 어디서나 낙서에 가까운 그림을 그렸고 제법 만화 같은 그림들도 그렸다. 학창시절 공부에 따른 스트레스도 그림을 그리며 풀었다. 그림을 다시 배우면 웹툰이나 그림책 삽화도 언젠가는 그릴 수 있게 되지 않을까? 업무 때문에 항상 갈고닦아야 하는 영어 말고, 뭔가를 부담 없이 배워 볼 수 있다면 좋겠다.

여섯 번째로 가족과 편안한 시간을 보내고 싶다. 일에 쫓겨서 건성으로 대답하는 게 아니라 아이의 말에 100% 집중하고 제대로 반응해 주고 싶다. 휴식을 취하지 않으면 아무리 돈을 많이 벌어도 행복할 수 없다. 앞으로의 행복하고 보람 있는 삶을 위해서라도 그동안 미뤄 놓았던 휴식과 재충전을 나 자신에게 허락해야겠다.

버 킷 리 스 트 10

Chapter 6

배움과 노력을
멈추지 않는 인생 살기

• 김현아 •

김현아

미국 공인회계사, 미국 세무사, 동기부여가, 작가
뉴욕시립대에서 회계학을 전공했다. 미국 현지 법인에서 2년간 근무했으며, 현재 한국에서 경영지원실 실장으로 근무하고 있다. 유엔난민기구와 아름다운 가게 등에 기부하며 나눔을 실천하는 삶을 살고 있으며, 항상 목표를 세워 꿈을 이뤄 가는 희망찬 삶을 살고 있다. 현재 여행과 관련된 개인저서를 집필 중이다.
E-mail hyuna.kim@live.com

01

여행 책
출간하기

작가가 된다는 것은 매우 멋진 일이다. 나는 항상 작가는 전문 지식이 있거나 풍부한 상상력이 있어야 될 수 있다고 생각해 왔다. 그럼에도 불구하고 나는 작가가 되고 싶었다. 내 이름으로 된 한 권의 책이 있다면 나이가 들어서도 나를 증명할 수 있을 것 같았다. 또한 지인들에게 선물로 주기도 좋고 저작권료도 나오니 이래저래 책 한 권을 내는 것이 꿈이었다.

하지만 글을 쓰는 것이 너무 어려웠다. 나는 어릴 때부터 답이 정해져 있는 수학이나 과학을 좋아하고 국어를 싫어했다. 초등학교 2학년 때는 독후감 쓰기가 싫어서 책 첫머리에 나오는 작가의 서평 같은 것을 베껴서 제출한 적도 있다. 다음 날 바로 담임선생님에게 걸려서 혼이 났던 기억이 있다.

그만큼 나에게 '글을 쓴다는 것'은 부담이며 피하고 싶은 것 중 하나다. 오죽하면 연애를 하면서도 그 흔한 러브레터 하나 쓰지 않았다. 부끄럽고 민망하고 오글거리는 것도 있지만, 글을 쓰는 것 자체가 나에게는 쉽지 않은 일이었다. 그러면서도 한편으로는 글을 잘 쓰는 작가를 동경해 왔다. '언젠가는 나도 책을 낼 수 있지 않을까' 하는 막연한 꿈만 가지고 있었다.

나는 꿈에 전혀 다가가지 않았다. 지금까지 글쓰기를 피하기만 했다. 고등학교 때는 문과 대신 이과를 선택했고, 대학교 때는 전공으로 회계학을 선택했다. 글을 쓰는 것을 싫어하면서 작가가 되고 싶다니 아이러니하지 않은가. 그렇다고 내가 그냥 가만히 있었던 것은 아니다. 나름 블로그도 하고, 독서 모임도 가지는 등 여러 시도를 해 보았다.

미국 유학 당시 내가 책을 낸다면 무엇에 관해 쓸지 고민해 본 적이 있다. 그나마 내가 남들보다 조금 더 많이 알고 좋아하는 것이 여행이라 여행 가이드북을 써 보는 것은 어떨까 생각했다. 여행 책은 창의성보다는 좋은 정보를 담는 것이 중요하며 사진으로 전달하는 부분도 많다. 그렇기에 나처럼 글쓰기를 어려워하면서 책을 내고 싶어 하는 사람에게는 안성맞춤인 것 같았다. 더구나 나는 가족들이나 친구들이 미국에 놀러 올 때마다 관광 가이드를 해 주었기 때문에 여행에 대해 누구보다도 잘 설명할 자신이 있었다.

2007~2012년에는 유학생들이 관광·여행 관련 책을 많이 내고, 베스트셀러에도 오른 적이 있었다. 그런 책들을 읽어 보면 작가마다 특색이 있었다. 패션을 전공하는 친구는 패션에 관련된 내용을 중심으로 여행 가이드를 했고, 그림이나 일러스트를 전공하는 친구는 글보다 본인의 그림을 많이 넣어서 책을 만들곤 했다. 회계학이 전공인 나는 무엇을 특색으로 잡아 책을 써야 할지 고민이 많았다. 이렇게 고민만 하다가 졸업을 하고 취직을 했다. 사는 게 바빠서, 귀찮아서 미루다 보니 책 쓰기는 흐지부지해졌다. 혼자서 어떻게 시작해야 할지 감도 잡히지 않았다. 블로그에 몇 번 뉴욕 맛집이나 관광에 대해서 글을 올린 적도 있다. 하지만 글 하나 포스팅하는 데 2~3시간이 들어서 당시에는 시간이 아깝다고 생각해 블로그 활동을 지속하지 않았다.

우리나라 사람들은 여행을 진짜 좋아하는 것 같다. 10월 중순, 일본에 간 적이 있는데 입국심사 시 일본 심사관이 한국은 지금 휴가철이냐고 물어볼 정도였다. 입국심사만 거의 한 시간 넘게 대기했다. 미국 최남단 키웨스트에 가도, 유럽 스위스의 어느 산맥을 가도 한국인이 있었다. 어딜 가도 한국인이 있는 게 신기하다.

그래서 나는 다시 한 번 여행 책을 쓰는 데 도전해 보려 한다. 여행을 좋아하는 한국인들을 위해 좀 더 편하게 여행을 즐기는

데 도움이 될 여행 책을 만들고 싶다. 다른 책들은 대부분 한 번 보고 책장에 꽂아 놓지만 여행 책은 정보를 얻기 위해 몇 번이고 너덜너덜해질 때까지 보기 때문에 더 매력적으로 느껴진다.

인터넷을 검색해 보니 여행 책은 2002년에는 200종 정도였으나, 2013년에는 737종으로 증가했다고 한다. 하루에 2권 정도 여행서가 나오는 것이다. 판매량도 늘고 있다. 그만큼 공급과 수요가 많다는 것이다.

이런 여행 책의 홍수 속에서 좀 더 차별화를 위해 나는 바쁜 직장인들을 위한 당일치기 시리즈를 만들 예정이다. 그래서 당일치기로 갈 수 있는 제주도나 일본, 중국 정도를 염두에 두고 있다. 거기에다 좀 더 특색 있게 일본 현지인과 함께 책을 써 볼까 생각 중이다. 지금 나에게 일본어를 가르쳐 주시는 일본인 과외 선생님과 같이 책을 쓰려고 한다.

한국이 좋아 한국에 왔다는 선생님은 나와 띠동갑이지만 마음이 잘 맞는다. 여행을 좋아하고 맛집 찾아다니는 것도 좋아하며 귀엽고 아기자기한 것을 좋아하는 점이 비슷하다. 선생님은 사진도 잘 찍는다. 블로그에 자신이 찍은 사진을 일본어와 한국어로 동시에 포스팅하는 등 열심히 활동하고 있다.

일단은 가까운 후쿠오카 당일치기부터 여행 가이드북을 써 보려 한다. 그래서 지난주에 당일치기로 후쿠오카에 다녀왔다. 일본인이 보는 후쿠오카와 한국인이 보는 후쿠오카가 다를 것 같았다. 이번 여행을 가기 전 일본 사이트에서 맛집도 많이 검색하고, 현지에서 필요한 일본어 등을 배웠다. 선생님과 같이 책도 쓰고 여행도 다니면 재밌을 것 같다. 선생님의 블로그에 당일치기 시리즈로 스무 번 정도 글을 올린 뒤 어느 정도 원고가 모아지면 출판사를 찾아가야겠다고 생각하고 있다.

다행인 것은 나와 다르게 일본어 선생님은 글쓰기를 좋아한다. 글을 아주 재미있게 잘 쓰는 편이다. 블로그도 잘하니 많은 도움을 받을 수 있을 것 같다. 같이 책을 쓰자는 이야기를 했더니 좋은 생각이라고 했다. 요즘은 만나면 둘 다 책 쓰는 이야기만 한다. 책 중간중간 필요한 일본어 회화를 넣는 것은 어떨까 이야기했다. 예를 들어, 후쿠오카는 아직 카드 사용이 보편화되어 있지 않기 때문에 가게에서 카드를 내기 전에 "카드 사용해도 될까요?" 같은 질문을 일본어로 어떻게 말하는지 알려 주는 것이다. 이렇게 아이디어를 내며 점차 책 쓰기에 대한 가닥을 잡아 가고 있다.

아직도 어떻게 시작해야 될지 모르겠지만 이 공저를 시작으로 글쓰기에 대해 많이 배울 수 있을 것 같다. 꿈이 눈앞에 선명히 그려지면 이뤄진다고 하지 않나.

R=VD(Realization=Vivid Dream)

이지성의 《꿈꾸는 다락방》에 나오는 공식이다. 이른바 마법의 공식이다. 내 눈앞에는 이미 후쿠오카 여행 책이 놓여 있다. 생생하게 꿈꾸면 이루어진다!

공인중개사
빌딩주 되기

"만약 당신이 가난하게 태어났다면 그건 당신의 잘못이 아니다. 하지만 만약 당신이 가난하게 죽는다면 그건 당신의 잘못이다."

마이크로소프트사의 창업자 빌 게이츠가 한 말이다. 가난하게 죽지 않으려면 무엇을 해야 할까? 직장을 얻거나 사업을 시작하거나 돈을 벌기 위해서 무엇이든지 생산적인 일을 해야 할 것이다. 다만 그런 일들은 즐겁지만은 않다. 신이 아닌 이상 하고 싶은 것만 하면서 살 수 없다는 것을 안다.

여가생활을 하기 위해서는 돈과 시간이 필요하다. 하지만 돈을 벌고 있으면 시간이 없고, 시간이 있을 때는 경제적으로 풍족하지 못하다. 배우고 싶은 것도 많고 건강하길 원하지만 일을 하느라 많은 것을 놓치고 산다.

요즘은 '투잡'을 뛰는 사람들도 많다. 퇴근 후 대리운전을 하거나 짬짬이 번역 일을 받아 하는 사람들도 많다. 세상의 많은 직업들 중에 제일 쉽게 돈을 벌 수 있는 방법을 생각해 보니 월세를 받는 일이었다. '조물주 위에 건물주'라는 말도 있듯이, 그만큼 월세를 받는 빌딩 주인은 많은 사람들의 부러움을 산다. 그래서인지 요즘 사람들은 부동산 투자에 관심이 많다. 나 역시 그렇다.

서점에만 가도 제일 좋은 자리에 부동산 관련 책이 놓여 있다. 나도 우연히 베스트셀러로 올라온 부동산 투자 책을 보고 부동산 부자의 꿈을 키웠다. 이후 가끔 회사일로 스트레스를 받을 때면 스스로에게 묻는다.

'월세로 얼마를 받으면 행복하고 여유롭게 살 수 있을까?'

사실 지금은 50만 원이라도 월세를 받을 수 있다면 좋겠다. 하지만 꿈은 크게 가져야 한다. 그래서 나의 대답은 월세 2,000만 원이다. 월세로 2,000만 원을 받으려면 월세 50만 원짜리 오피스텔 40개가 있어야 한다. 일반 직장인이 오피스텔을 그렇게 많이 매매하기는 어렵다. 전문가의 도움을 받아야 하며, 관련 세금에 대한 공부도 필요하고, 여러 가지를 많이 알아야 한다.

내 지인 중 작년에 사 놓은 분양권이 1억 원 이상 오르고 4년 전에 산 토지도 4배나 올랐다는 사람이 있다. 부러운 마음에 잘 알지도 못하면서 나도 일단 투자부터 하고 봤다. 하지만 '이 정도면 되겠지'라고 생각한 부동산 계약서조차 막상 소송을 하려니 지식이 많이 부족했다. 내 편이라던 부동산 중개업자도 나중에는 수수료만 받으려 급급해하는 모습을 보였다. 사기도 당할 뻔했다.

금액도 큰 부동산을 아무것도 모르고 거래하는 것은 정말 어리석은 일이었다. 누구나 살면서 부동산 거래를 하게 된다. 투자나 매매가 아니더라도 신혼집이나 자취방을 알아보기도 한다. 아마 일생에서 하는 거래 중 제일 금액이 큰 거래가 아닐까 생각한다. 그러나 나를 포함한 내 가족 그리고 주변인들은 생각보다 부동산 거래에 무지하다. 거래 전에 충분한 준비를 해야 누구보다 현명하게 거래를 할 수 있다.

그 뒤로 부동산을 공부하기 시작했다. 쉬울 것이라 생각했던 부동산 공부는 막상 해 보니 어려웠다. 일을 하면서 병행하기도 힘든 것 같다. 몇 번 시작하고 포기하기를 반복했다. 그래서 다시 목표를 세워서 공부하려고 한다.

2017년에는 공인중개사 시험을 통과할 것이다. 그리고 1년에 하나씩은 부동산을 거래해 실전감각을 익힐 예정이다. 그러면 10년 안에는 꿈을 이룰 수 있지 않을까 생각한다.

03

보디 프로필
찍기

나는 초·중·고등학교 때 체력장에서 모두 5급을 받았다. 달리기 시합이라도 있는 날이면 아침부터 스트레스를 받았다. 중학교 때는 배구 연습을, 고등학교 때는 뜀틀, 농구 연습을 미친 듯이 했다. 방과 후에 친구들이 학원을 갈 때도 남아서 운동을 했다. 하지만 막상 시합 때는 제대로 못했다. 그런 점이 속상하고 억울해서 운 적도 있다. 운동을 잘하는 친구는 연습을 안 하고도 좋은 성적을 받는데, 나처럼 운동을 못하는 아이는 열심히 연습을 해도 좋은 성적을 받는 것이 쉽지 않았다. 그게 그렇게 억울할 수가 없었다.

성인이 된 뒤 친구들과 춘천 호수로 놀러 간 적이 있다. 다 같이 웨이크 보드를 타기로 했다. 친구는 처음 타자마자 일어서서

타면서 즐거운 시간을 보냈다. 나는 30분 넘게 물속에서 연습했는데도 허벅지 힘으로 버티며 일어나기가 어려웠다. 몇 번 물만 먹고 연습을 끝낸 뒤, 웨이크 보드 선생님은 이런 기초체력으로는 안 된다며 기초체력을 더 키워 오라고 했다. 속상했지만 난 원래 그러니까 어쩔 수 없다고 생각했다.

나는 운동을 못하지만 같은 배에서 태어난 친동생은 체대생이다. 일반 헬스장에서 운동을 1:1로 배우려면 꽤 많은 돈을 내야 해서 체대생인 동생에게 웨이트 트레이닝을 가르쳐 달라고 했다. 하지만 동생은 걸음부터 제대로 걸으라며 가르쳐 주지 않았다.

나름 집에 러닝머신과 실내자전거도 사 놓고 아령도 사서 운동을 해 보려고 했지만, 지구력도 근력도 약한 나는 몇 번 하고 그만두었다. 이렇게 운동은 내게서 점점 멀어져 갔다.

마지막 희망이라고 생각하고 간 곳이 필라테스 학원이었다. 필라테스는 나처럼 몸이 허약했던 요제프 필라테스라는 독일인이 만든 운동법이다. 재활운동에 속하는 것이라 나처럼 운동을 아예 못하는 사람도 어렵지 않게 따라 하며 근력을 키울 수 있다. 희망을 안고 간 그곳에서 나는 많은 것을 배웠다. 필라테스 강사는 발목이 약해서 내게 웨이트 운동은 무리가 된다고 했다. 달리는 것도 관절에 무리가 가니 다른 방법을 알아보자고 하면서 내 몸에 맞는 운동법을 추천해 주었다. 내 수준에 맞는 레벨의 운동을 하니 점차 몸에 근육이 붙는 것이 느껴졌고 힘도 세졌으며 체력도 좋아졌다. 유연성도 좋아져서 처음에는 못했던 동작을 지금은 쉽게 할 수 있다.

일주일에 다섯 번 이상 꼬박꼬박 운동을 한 지 어느새 1년이 넘었다. 이제는 마사지를 받으러 가도 "운동하시나 봐요?"라고 묻는다. 점점 자신감이 붙어 '이제 나도 운동을 잘하니 금방 멋진 몸매를 가질 수 있겠지?'라고 생각했다.

그러나 체지방 분석에서 내장지방 수치는 계속 7을 가리켰다. 아무래도 운동량이 부족한 것 같아서 이번에는 수영 학원에 등록했다. 그곳에서 자세히 분석한 나의 몸 상태는 복부비만이었다. 나는 나름 적정 체중을 유지해 왔고 말랐다는 소리도 자주 들었다. 하지만 아무리 운동을 열심히 해도 식이 조절을 하지 않으니 비만 중에서도 위험군에 속하는 마른 비만이 된 것이다. 이 사실을 필라테스 강사가 들으면 정말 놀랄 것이다. 그렇게 열심히 했는데 마른 비만이라니….

긍정적으로 생각하면, 운동을 하기 전보다 나이는 한 살 더 먹었지만 몸무게도 늘지 않았고 근육량과 지방량이 일정하다는 것이다. 나빠진 것은 없고 유지했다는 데 중점을 두고 싶다. 하지만 신체를 멋지게 변화시키기 위해서는 지금보다 더 많이 노력해야 한다.

앞으로 여러 가지 운동도 더 많이 하고 식이 조절도 하면서 더 노력해야겠다. 그렇게 2~3년 노력하다 보면 내 생에 가장 아름다운 보디 프로필을 찍을 수 있지 않을까?

04

바리스타
자격증 따기

사람은 유전적으로 아침형 인간과 저녁형 인간으로 나뉜다고 한다. 예전에는 저녁형 인간이 게으르다고 여겨져 많은 사람들이 아침형 인간이 되기 위해 노력하기도 했다. 하지만 최근 들어 국내외의 많은 연구를 통해 규칙적인 생활이 중요할 뿐, 아침형 인간이나 저녁형 인간 모두 장단점을 갖고 있다는 것이 밝혀졌다.

나는 저녁형 인간이다. 저녁이 되면 정신이 맑아지고 집중이 잘되어 밤새도록 일에 집중할 수는 있지만 아침에 잘 일어나지 못한다.

하지만 우리나라에서는 학생 때부터 아침 7시 전에 일어나도록 강요받는다. 그것은 사회에 나왔을 때도 마찬가지다. 특정한 직업을 갖고 있지 않다면 체질에 상관없이 아침 생활을 해야 한다.

잠의 양도 사람마다 다르다고 한다. 사람마다 체질이 다르고 활동량이 다르기 때문에 잠으로 회복해야 하는 양도 다르다고 한다. 나는 하필 또 잠이 많은 사람이다. 하루에 9시간을 잤을 때 정말 컨디션이 좋고 6시간 정도만 자면 하루를 보내기가 너무 힘이 든다.

잠도 많고 저녁형 인간인 나는 한국 사회에서 살아남기 위해서 커피를 마시기 시작했다. 아마 중학생 때부터 커피를 마셨던 것 같다. 어릴 때는 부모님이 커피를 못 마시게 했다. 어머니는 지금도 커피를 별로 안 좋아하신다. 커피숍을 운영했음에도 불구하고 같이 카페에 가거나 할 때면 따뜻한 우유나 차만 마신다. 아마 다량의 카페인은 몸에 안 좋다는 이야기 때문에 커피는 몸에 안 좋다고 받아들이셨을 수도 있다.

내가 처음 커피를 마신 것은 중학생 때 독서실을 다니면서부터다. 그때 친구들이 휴게실에서 자판기 커피를 마시는 것을 보고 따라 마시기 시작했다. 자판기 커피는 설탕이 많이 들어가 맛있어서 먹기도 했지만 주목적은 잠을 좀 덜 자고 공부에 집중하기 위해서였다.

내가 20대에 들어선 이후로 우리나라에서 커피의 인기가 높아지기 시작했다. 날이 갈수록 길거리에 새로운 카페가 들어섰다.

요즘은 친구들과의 모임이나 데이트를 카페에서 많이 하는데, 이렇게 카페가 없었을 때는 어디서 모였었나 기억이 나지 않을 정도로 카페는 이제 우리의 일상이 되었다.

나도 여러 카페에 가 보았다. 어디는 맛있고, 어디는 맛없고, 어디는 카페인이 많아 심장이 두근거리는 증상도 겪어 보며 나름대로 좋아하는 카페도 생겼다.

아침에 일어나서 마시는 커피 한 잔이나, 점심 식사 후 마시는 커피 한 잔, 늦은 저녁 집에 들어가기 전에 카페에 들러 책을 읽으며 마시는 커피 한 잔이 이제 내게는 일상이 되었다. 나는 그 시간들을 좋아한다.

우리 집 앞에 유명 프랜차이즈 카페가 있다. 매일 한두 번씩 방문하다 보니 카페에서 일하는 직원들과도 친하게 지낼 정도다. 개인적으로 이 가게의 커피를 너무 좋아하는데, 7년 이상 마시다 보니 가끔 지겨울 때가 있다. 그럴 때는 가끔 내가 커피숍을 차리고 싶다는 생각이 든다.

지금 나는 커피를 마시며 맛있다, 쓰다, 고소하다 정도로만 구분한다. 사실 커피도 와인처럼 세세하게 분류되어 있다. 한국직업능력개발원에 들어가 보면 바리스타 관련 자격증만 165건이 검색된다. 문화센터 등에도 커피공부반이 생기는 등 아직 국가 공인 자격증은 없지만 우리나라 사람들의 커피에 대한 관심을 보여 주고 있다.

　나도 커피에 대해서 공부해 보고 싶다. 바리스타 자격증을 취
득하면 커피를 좀 더 즐길 수 있지 않을까? 그래서 바닷가에 근
사한 커피숍을 차려서 노후를 맞이하는 것도 좋을 것 같다.

일본어
마스터하기

"특기가 뭔가요?"

누가 나한테 남보다 잘하는 것이 무엇이냐고 묻는다면 바로 대답할 만한 것이 없다. 무엇을 잘하냐고 묻는 질문에 대답을 못 하는 것은 매우 속상한 일이다. 그렇다고 내가 남들보다 능력이 떨어지는 것은 아니다. 영어 회화도 어느 정도 하고 자격증도 여러 개 있으며 이것저것 할 줄 아는 것이 많다. 하지만 그것들을 누구보다 잘하는 것은 아니다. 누구나 할 수 있는 정도이며, 그냥 뒤떨어지지만 않을 뿐 뛰어난 것은 아니다.

뛰어난 것이 없으니 남들과 다른 특징 또는 캐릭터가 없다. 어떤 일을 해야 할 때 다른 사람들이 나를 찾는 일이 없는 것이다.

회사에서도 이 정도 컴퓨터 실력에 이 정도 업무능력은 항상 대체될 수 있으니 마음속에 불안감이 내포되어 있다. 고만고만한 수준에서 사람들이 가질 수 있는 변별력은 인맥이나 외적 이미지 정도일 것이다.

남들보다 뛰어난 뭔가를 갖는 것은 확실히 그 사람만의 특징이자 경쟁력이다. 특히 외국어를 잘하는 사람은 어마어마한 경쟁력을 갖고 있는 것이다. 내 또래 사람들은 다 어느 정도 외국어를 하겠지만 내가 말하는 것은 원어민 정도의 실력이다.

나는 그런 경쟁력을 갖고 싶었다. 그래서인지 어릴 때부터 외국어에 관심이 많았다. 학창시절 대치동 학원가에 살면서 웬만한 학원은 다 다녀 봤다. 영어 정복을 위해 고등학교 졸업 후에 미국으로 유학을 갔다. 그런데 유학생활은 영어만 공부하기에도 녹록지 않았다. 뉴욕은 생각보다 한국인이 많고 영어를 사용하지 않아도 사는 데 전혀 불편함이 없었다. 초기 목적이었던 영어 공부보다는 타지에서 살아남기 위해서 다른 것들에 신경을 더 많이 써야 했다. 다른 주와 달리 뉴욕에는 기숙사가 없어서 집을 얻는다거나 통학을 하거나 장을 본다거나 하는, 부모님이 해 주시던 기본적인 생활 지원을 스스로 해결해야 했다. 자연스레 영어 공부에는 소홀해졌다. 그렇게 초기 목적을 잊어버린 채 시간이 가고 나는 한국으로 돌아왔다.

그래서 유학을 갔다 왔음에도 불구하고 영어를 특기라고 말할 수 없다. 한국에 와서 곰곰이 생각해 보니 생각보다 영어를 잘하는 사람이 많았다. 내가 영어를 원어민 수준으로 하려면 엄청나게 노력을 하거나 시간을 되돌려야 할 것 같았다. 그래서 방향을 틀어 한국어와 어순이 같은 일본어를 배우기 시작했다. 확실히 한국어와 비슷한 단어도 많고 어순도 같아서 영어보다 쉽게 배웠다. 지금은 배운 지 6개월 정도 되었다. 2016년 12월에 JLPT 시험을 보기 위해 신청도 해 놨다. 하지만 생각보다 외워야 할 단어가 많아서 시험 준비를 제대로 못하고 있다. 여간 스트레스를 받는 것이 아니다.

나는 항상 회사일이 바쁘다는 핑계로 공부는 하지 않으면서 시험은 통과하고 말은 잘하고 싶어 했다. 그러다 유명한 회계 강사인 김현식 회계사의 인터넷 강의를 보게 되었다. 그는 이렇게 말했다.

"그만 힘들어하라. 욕심이나 노력 둘 중 하나를 정리하라. 노력하지 않으면서 욕심만 많으면 평생 불행하다. 욕심을 버리거나 노력을 해야 인생이 편하다. 둘 중 하나를 포기하지 않으면 삶이 단한순간도 행복하지 않을 것이다. 하지만 욕심을 버리기는 굉장히 힘들다. 그러므로 노력을 하는 것이 더 편하다. 욕심은 버릴 수가 없다. 남들보다 잘살고 싶고 여가시간을 많이 갖고 싶으면 노력하

라. 연봉이 1억 원만 넘으면 행복하겠다 싶었는데 막상 1억 원이 넘으니까 이젠 10억 원이 넘었으면 한다. 욕심은 주체가 안 된다. 욕심에 걸맞은 노력을 하라. 누구나 힘들다. 남들과 똑같이 노력하면서 남들보다 잘나가기는 힘들다. 노력하는 것이 편하니 행복하려면 노력하라."

나는 그의 말을 듣고 일본어 시험 때문에 스트레스를 받는 내 모습이 너무 부끄러웠다. 나는 일본어를 완벽하게 마스터하기 위해 얼마나 노력하고 있었는지 되돌아봤다. 매일 핑계만 대고 노력은 하지 않았다. 겉으로만 노력하는 척하던 내 모습이 부끄러웠다.

그래서 이렇게 목표를 다시 쓰면서 2017년에는 제대로 노력해보려고 한다. 집중해서 시간을 투자한다면, 2017년 말에는 JLPT 시험도 통과하고, 원어민처럼 말할 수 있지 않을까?

그 시간을 기다려 본다.

버 킷 리 스 트 10

Chapter 7

부자의 사고로
선택의 자유를 누리며 살기

· 포민정 ·

포민정

작가, 〈한책협〉 코치, 1인 창업학교 코치, 마케팅 코치, 긍정 드림 코치, 동기부여가

열정덩어리 행동주의자다. 치과위생사로 일하다 1인 창업으로 자신의 경험과 지식을 나누는 메신저 산업에 눈을 뜨고 현재 1인 기업가를 꿈꾸는 작가들을 코칭해 주는 1인 창업 코치가 되었다. 꿈꾸는 사람들을 돕는 동기부여가이자 네이버 카페 관리 및 매출을 올리는 포스팅 비법에 대해 코칭하는 마케팅 코치로 활동하고 있다. 현재 마케팅에 관한 개인저서를 준비 중이다.

E-mail vhalsrhkd@naver.com
C · P 010-2490-1603

01

네이버 카페
운영·관리하는 법 강의하기

"꽤 참고가 되었지만 내 경우에는 상황이 조금 다르니까 전부
받아들일 수는 없어."

"대단하네. 이게 바로 성공비결이구나. 좋아, 당장 실천해 봐
야지!"

이구치 아키라의 《부자의 사고 빈자의 사고》에 나오는 빈자의
생각과 부자의 생각이다. 많은 사람들이 좋은 강의나 성공자의 조
언을 듣고도 자신의 상황과 비교해 참고만 하는 식으로 성공자의
말을 전부 받아들이지 않는다. 하지만 부자가 될 사람들 그리고
부자인 사람들은 성공자의 말을 100% 그대로 받아들이고 실행한
다. 성공한 사람들은 그 성공을 이루기까지 많은 시행착오를 겪으

며 수없이 실패를 경험하고 단단해져서 그 자리에 올랐다. 그렇기에 도움을 구하는 사람들에게 가장 빠르게 성공하는 방법을 알려 주고 도움을 줄 수 있다. 나는 《부자의 사고와 빈자의 사고》를 읽으며 깊이 공감했다.

나는 현재 〈한책협〉에서 코치로 일하면서 많은 사람들이 김태광 코치에게 코칭받는 것을 지켜본다. 김태광 코치는 첫 책을 쓰는 데 3년 반이 걸렸다고 한다. 책 쓰기를 알려 주는 사람이 없어 아무것도 모르는 상태에서 책을 썼다고 한다. 그는 20년 동안 200여 권을 집필하며 자신의 경험과 노하우를 책에 담는 시스템을 만들었다. 그리고 지금은 작가의 꿈을 꾸며 책을 쓰고 싶어 하는 많은 사람들에게 책의 주제를 정하는 것부터 목차 만들기, 원고 쓰는 방법과 출판사에 투고하는 방법까지 알려 주며 단기간에 책을 쓸 수 있도록 돕고 있다.

나는 이렇게 성공자가 자신의 시행착오를 통해 알게 된 경험과 노하우를 진심으로 전달한다는 것을 알고 있다. 그렇기에 나는 많은 시행착오와 경험을 겪으며 현재는 대한민국 1%의 성공자의 자리에 올라 있는 김태광 코치가 성공비결을 전해 줄 때 잠깐의 망설임도 없이 그대로 실행했다. 그 결과 지금은 내가 하고 싶어 하던, 나의 경험과 노하우를 전달하는 일을 할 수 있게 되었다. 뿐만 아니라 스물여섯 살에 벤츠의 오너가 되어 세상을 누비며 행복하게 일하고 있다.

나는 현재 〈한책협〉의 코치로 일하며 김태광 코치에게서 네이버 카페를 운영·관리하는 방법을 전수받고 있다. 그리고 1인 창업을 준비하는 사람들을 위한 〈하루 만에 끝내는 1인 창업 과정〉에서 한눈에 꽂히는 포스팅 방법, 매출을 올리는 포스팅 방법 등을 강의하고 있다.

김태광 코치가 네이버 카페 〈한책협〉을 대한민국 최고의 책 쓰기 코칭 카페로 만들기까지 5년이 걸렸다. 그는 5년 동안 카페를 관리해 오며 지금처럼 많은 회원들이 활발하게 활동하는 카페로 만들기 위해 많은 시행착오를 경험했다. 〈한책협〉은 그냥 카페가 아니라 '회사'다.

"이건 이렇게 올리면 안 되지. 이 사진은 빼고, 내용은 추가해야지!"

〈한책협〉은 회사이기에 김태광 코치는 평상시에도 카페 포스팅이며 관리의 전반적인 부분까지 스태프들이 보지 못하는 세세한 부분을 캐치해 하나하나 체크한다. 눈치 못 채고 지나가는 부분들까지 하나하나 코칭해 주실 때, 〈한책협〉 스태프가 아니었다면 배울 수 없었을 디테일한 카페 관리 방법을 배우고 있다는 생각에 감사하다.

김태광 코치는 현재 두 기수씩 돌아가고 있는 〈한책협〉의 〈책

쓰기 과정〉이나 〈1인 창업 과정〉, 각종 외부 강연에 과제 체크, 그리고 퍼스널 브랜딩에 있어 대한민국 최고의 출판사인 〈위닝북스〉의 모든 책의 출간까지 철저하게 검토하는 등 일이 정말 많음에도 불구하고 카페 관리에 대해 세세한 피드백을 해 준다. 그럴 때면 '내가 알아서 챙겼으면 이것까지는 신경 안 쓰시게 해 드릴 수 있었는데', '저렇게 일이 많으신데 내가 어떻게 하면 도움이 되어 드릴 수 있을까' 하는 생각에 죄송한 마음이 들 때가 있다.

그래서 나는 지금 배우고 있는 것들을 제대로 익혀서 카페 관리의 모든 것을 파악하고 컨트롤하며, 스태프들을 관리·교육하는 사람이 되고 싶다. 그리고 앞으로 네이버 카페를 개설해 운영하려는 사람들에게 실질적인 포스팅 방법뿐만 아니라 세세한 카페 운영·관리 방법에 대해 강의하고 코칭해 주고 싶다. 이후에는 카페 관리 방법에 대해 알려 주는 4주 과정을 개설할 것이다. 게시글을 올리는 것부터 프로그램을 만들어 그것을 관리하고 홍보하는 방법 그리고 문자, 카페 전체 메일, 쪽지를 보내는 법뿐만 아니라 실질적인 수익을 창출하고 생동감 있는 카페를 만드는 방법에 대해 강의할 수 있을 정도로 역량을 다지고 싶다.

나는 현재 〈한책협〉에서 코치로서 김태광 코치의 비서 일과 전체적인 경영 운영·관리 일을 맡고 있다. 이렇게 프로그램을 맡아서 명단 관리 및 프로그램 진행 준비를 해 본 경험을 바탕으로 나중에 1인 기업가를 꿈꾸는 사람들에게 카페 관리뿐만 아니라 경영 운영·관리 방법에 대해 알려 주고 싶다. 명단과 프로그램 관리뿐만 아니라 결제 및 운영 관리에 대해 배웠기 때문에 전반적인 카페 운영·관리에 대해 강의할 수 있을 만큼 역량을 강화시킬 수 있다고 생각한다.

김태광 코치가 많은 시행착오를 겪으며 정착시킨 〈한책협〉의 시스템을 스태프로, 코치로 일하며 전수받는다는 것은 돈을 주고도 살 수 없는 가치를 배우는 것이다. 그렇기에 김태광 코치의 피드백이 나에게는 살아 있는 진짜 공부다.

〈한책협〉에서는 책 쓰는 방법뿐만 아니라 그 내용을 담은 책을 읽고 찾아온 사람들에게 경험과 노하우 그리고 배움을 돈으로 바꾸는 방법에 대해 알려 주고 있다. 예를 들면 부동산 투자를 배우고 싶어 하는 사람들에게는 4주나 6주 과정으로 부동산 투자에 대해 알려 주는 카페를 만들어 경험과 노하우를 전하며 수익을 창출하는 1인 창업을 할 수 있도록 도와준다. 이때 나는 그렇게 1인 기업가가 되어 프로그램은 어떻게 구성하고 모집하는지, 홍보나 명단은 어떻게 관리하는지, 수업 진행 전후로 어떻게 해야 하는지, 1인 기업가로서 경영 관리는 어떻게 하는지, 카페 메일, 쪽지를 보내는 방법, 회원을 관리하는 방법에 대해 모두 세세하게 알려 줄 것이다.

나는 역량을 키워서 지금 하고 있는 모든 일들을 완벽히 배우고 싶다. 그래서 한시도 쉴 틈 없이 바쁜 김태광 코치를 대신해 스태프들을 관리하고, 1인 기업가로 나아가려는 사람들에게 관리 노하우를 전수해 주며 세세하게 코칭해 줄 수 있는 사람이 되고 싶다.

앞으로 많은 직업들이 사라지면서 직장인들의 자리는 더욱 좁아질 것이다. 자신이 쌓아 온 경험과 지식을 나누는 사람이나 1인 기업가들이 늘어나고 있는 지금, 나는 경험과 깨달음을 가치 있게 전달해 사람들에게 나아갈 길을 알려 주고 코칭해 주는 사람이 되어 더 많은 사람들이 자신의 꿈을 이루어 가도록 돕고 싶다.

02

건강한
몸매 갖기

나는 운동에 관심이 많아서 퇴근한 뒤에는 헬스장에서 하루를 마무리했다. 운동을 해야겠다고 마음먹고는 어차피 배우는 것이니 제대로 배워야겠다는 생각에 헬스트레이너에게 전문적인 코칭을 받는 1:1 퍼스널 트레이닝에 등록했다. 동네에 있는 헬스장이었는데 가족 같은 분위기에, 운동에 대한 트레이너의 철학이 분명해 이곳이라면 건강하게 운동을 배울 수 있겠다는 생각이 들어 결정했다.

운동을 한 지 2개월 만에 체지방률이 26%에서 18%로 줄었다. 여성 평균 체지방률은 24% 정도인데 근육이 많아지고 체내지방률이 줄어듦에 따라 체지방률이 18%까지 낮아진 것이다. 항상 통통하던 내가 이렇게 탄력 있는 몸을 만들 수 있다는 사실에 놀랐다. 처음에 운동을 시작할 때는 근력운동을 많이 하면 종아리에 알도 툭 튀어나오고 보기 싫은 몸이 되지 않을까 걱정도 되었다. 하지만 여자는 근육이 많아져도 남자들처럼 울퉁불퉁하게 되는 것이 아니라 오히려 탄력 있는 몸이 되는 것 같았다.

나는 맛있는 음식을 먹는 것을 좋아한다. 평소에도 먹을 복이 있다는 말을 자주 들었고 어렸을 때부터 복스럽게 잘 먹는다는 말을 많이 들었다. 대학생 때는 혼자 일주일 동안 기차 여행을 다니면서 전국의 소문난 맛집들을 찾아다녔다.

처음에는 맛있는 것을 마음껏 먹으면서도 몸매를 유지하기 위해서 시작한 운동이었는데 이왕 하는 것 제대로 해야겠다는 생각에 더 열심히 운동을 하게 되었다. 나는 한 번 꽂히면 끝장나게 열심히 하는 스타일이다. 그러다 보니 퇴근 뒤에는 헬스장에서 살기 일쑤였다. 매일 "이건 어떻게 하는 거예요?", "오늘은 어떤 운동을 할까요?", "식단은 어떻게 할까요?" 등등 귀찮게 할 정도로 트레이너를 따라다니며 배웠다. 주 3회 1:1 트레이닝을 받고, 수업이 없는 날이면 개인운동을 하며 단백질도 잘 챙겨 먹었다. 한창 근력운동을 할 때는 근육이 찢어지는 느낌을 받으면서 열심히 운동을 하고 있다는 느낌에 뿌듯하고 짜릿해 운동에 중독되었다. 거기에 '나는 근육이 잘 붙는 체질이야'라고 생각하다 보니 효과가 더욱 빨리 나타났다. 나중에 트레이너가 근육이 잘 붙는 몸,

안 붙는 몸은 따로 없고 근육이 잘 붙는다고 생각해 근육을 빨리 만들어 내는 사람이 있을 뿐이라고 알려 주었다. 운동에 있어서도 자기암시가 중요한 것이다.

"머슬매니아 대회 모델 부문에 참가해 보는 게 어때?"

어느 날, 관장님께서 진지하게 '머슬매니아'라는 대회가 있는데 한번 나가 보지 않겠냐고 제안했다. 여러 부문이 있는데 그중 모델 부문에 나가면 좋을 것 같다고 하시며 이 상태에서 이제 근육을 다듬고 몸매를 다듬는 과정만 거치면 딱일 것이라고 말했다.

운동을 재미있게 하고 거기에 이제 근육이 웬만큼 붙어서 그런지 그 뒤로는 많이 먹어도 살이 찌지 않았다. 그랬던 것도 잠시, 마음껏 먹어도 살이 찌지 않는다는 생각에 방심하고 운동을 게을리하다 보니 점점 운동에 관심이 끊기고 불규칙적인 생활을 하게 되었고 그대로 몸이 망가지기 시작했다.

그렇게 1년을 정신없이 지내고 나니 10kg이 쪘다. 아침, 점심, 저녁을 균형 있게 챙겨 먹고 운동도 꾸준히 하다가, 아침은 아예 안 먹고 오후 2~3시에 늦은 점심을 먹고 7~8시에 저녁을 먹은 뒤 늦은 시간 야식을 먹으며 자기관리란 없는 일상을 살고 있는 나를 발견했다. 그러니 점점 몸이 무거워지고 더 피곤해지면서 몸에 이상이 올 것 같은 조짐이 느껴졌다. 날씬하던 다리도 전과 달라지고 턱에도 살이 붙었다. 몸이 조금씩 무거워지니 피로도 잘 쌓이는 것 같았다. 규칙적으로 자기관리를 하며 생활할 수 있음에도 불구하고 너무 관심을 기울이지 않았던 탓이었다.

얼마 전,《오늘, 나는 더 행복하다》의 저자 배서희 작가의 저자 강연회에 갔다. 작가는 스스로 건강을 자부했었는데 아이를 유산하고 뒤이어 가진 아이도 유산될 확률이 있다는 이야기를 들었다고 한다. 생활을 돌아보니 매일 아침은 먹지 않고 인스턴트식품을 습관처럼 먹고 있었다고 했다. 그 뒤로 건강을 위해 아침을 꾸준히 챙겨 먹고 운동도 하여 둘째 아이를 무사히 출산하고 현재는 셋째를 임신 중이다. 그리고 같은 부대에 장교로 있는 남편은 결혼할 당시보다 지금 더 몸이 좋아졌을 정도로 온 가족이 건강관리를 철저히 하고 있다. 얼마 전에는 남편의 프로필 사진 촬영을 하고 왔다는 이야기를 들었다. 강연회에서 그 이야기를 듣는데 너무 아름다웠다. 그리고 그동안 내가 건강하다고 자부하고 있었던 것은 아닌가 하는 생각이 들었다.

아침밥을 챙겨 먹지 않으면 불규칙한 식사습관으로 이어지고 나중에는 과식, 야식 등의 악순환을 불러온다. 그것이 반복되면 장기적인 영양 불균형으로 건강을 해치게 된다. 이 당연한 사실을 잊고 있다가 이제야 깨닫게 되었다. 건강은 아침 식사에서부터 시작된다. 아침 식사를 거르면 혈당이 떨어져 뇌신경 기능도 저하되고 작업능률 또한 떨어진다. 거기에 과식을 하게 되니 체중이 증가하고 야식을 먹으니 잠을 잘 못 자 악순환의 연속이다. 그래서 이번에 밥솥을 구매했다. 이제 매일 아침밥을 해 먹으며 규칙적인 식습관을 가져야겠다.

가장 중요한 것은 나의 건강이다. 나는 원래 정신력만 있으면 몸이 피곤해도 견딜 수 있다고 생각했었다. 그런데 아니었다. 육체적인 컨디션이 좋아야 정신력도 더 발휘할 수 있고, 몸이 피로하고 체력이 따라 주지 않으면 정신도 지치게 마련이라는 것을 알게 되었다. 자기관리와 성공에 있어 가장 중요한 것이 체력관리인 만큼 앞으로는 아침밥을 꼭 챙겨 먹고 체력을 관리해야겠다고 다짐했다.

문득 나의 젊은 시절 아름다운 모습을 사진으로 남기고 싶다는 생각이 들었다. 체지방률 18%의 몸매를 유지하던 때는 조금 더 살을 빼야 된다는 생각에 프로필 촬영을 하지 못했다. 열심히 운동해서 체지방률 18%의 몸매로 돌아가 나의 아름다운 모습을 사진으로 남기고 싶다. 사진으로 남기는 것보다 중요한 것은 나의 모습을 사진으로 남길 수 있을 정도로 열심히 운동을 하고 관리하겠다는 다짐이다.

처음에 운동을 시작할 때는 체력이 좋지 않아서 힘이 들고 운동하고 나면 다음 날 몸이 쑤시고 아팠다. 하지만 나중에는 운동을 하지 않으면 허전하고 몸이 변하는 것이 느껴지니 운동이 재미있었다. 그것을 경험해 봤기 때문에 다시 도전하고 싶다.

자기관리를 하지 않는 것은 프로답지 못한 모습이다. 규칙적인 식습관을 가지고 자신의 하루를 경영하고 운영하며 관리하는 사람이야말로 진정한 성공자가 될 수 있다는 생각이 든다. 나는 앞으로 아침밥을 잘 챙겨 먹고 규칙적인 생활을 하며 다시 체지방률 18%에 11자 복근이 있던 몸매로 돌아갈 것이다. 2017년에는 배서희 작가처럼 남편과 프로필 촬영을 하는 날이 오길 꿈꾼다.

03

서로를 존중하고
사랑하는 꿈 부부 되기

"왜 이렇게 화를 내?"

"너야말로 왜 그래?"

우리가 싸우는 이유는 항상 똑같다. 답답하고 화가 나는 상황이면 각자 자기 감정을 이야기하기 바쁘고 서로를 이해하려고 하지 않는다. 서로 자기를 너무 막 대하고 존중하는 마음이 너무 없는 것 아니냐며 서운해한다. 나중에 생각해 보면 내가 먼저 상대를 존중하지 않은 것 같다. 기분 나쁘게 하고 화를 나게 만든 것도 결국 내가 그렇게 한 것 같아 미안한 마음이 든다. 남자는 여자 하기 나름이라고 하는데 내가 우리 사이를 존중하지 않아서 이렇게 된 것만 같다.

〈한책협〉의 김태광 코치와 〈위닝북스〉의 권동희 회장이 함께 있는 모습을 보면 서로를 존중하고 사랑하는 것이 느껴진다. 내가 권 회장님처럼 남편을 존중하지 못해서 이런 상황이 벌어진 것은 아닐까 하는 생각이 들어 남편에게 미안하기도 하고 밉기도 하다. 남편 웅규는 어렸을 적 아버지에게 많이 혼났던 기억 때문에 누군가에게 무시당하는 느낌이 들면 기분이 나쁘고 화가 난다고 했다. 그도 그럴 것이 누가 자신을 존중하지 않고 무시하는데 기분이 좋겠나. 나도 그게 기분 나쁘고 미워서 화가 났던 거라 이해가 갔다. 그리고 나도 그런 것을 싫어하면서 나도 모르게 상대의 그런 점을 답답해하고 있는 것이 미안했다.

　"민정아, 넌 정말 복이 많은 여자야. 얼굴만 봐도 사랑스러워."
　"넌 정말 멋지게 성장하고 이겨 낼 거야. 너처럼 강한 사람은 없어."
　"넌 정말 대단한 사람이야. 보통 힘들어하고 지칠 텐데 어떤 상황에서도 긍정적으로 생각하는 네가 참 신기하고 대단해."
　"너랑 있으면 행복해. 널 만나서 나도 스스로를 사랑하는 방법을 배웠어."

　항상 이렇게 응원하고 칭찬하며 강한 내가 될 수 있게 해 주는 남편이 있기에 지금의 내가 존재한다.

우리는 스무 살 때 처음 친구의 소개로 만났다. 눈이 많이 오던 겨울이었는데 아르바이트가 끝나면 그는 매일 나를 집까지 데려다줬다. 어두운 밤 같이 집으로 걸어가면서 별을 구경하던 것이 생각난다. 동화처럼 소복소복 함박눈이 내렸고 사랑에 빠져 있어서 그랬는지 그 겨울처럼 눈이 아름답게 내린 적이 없었던 것 같다. 우리는 스무 살 1월 14일에 만나 7년 차 연애를 끝으로 몇 달 전에 결혼했다.

남편은 내가 힘들어할 때마다 다독여 주고 응원해 주면서 내가 귀한 존재라는 것을 항상 느끼게 해 줬다. 그리고 이상주의자 꿈쟁이인 내가 하는 모든 말들을 항상 잘 들어 주었다. 보통 친구들이라면 부정적으로 반응할 텐데, 남편은 내가 어떤 터무니없는 말을 해도 항상 "그럼! 당연히 가능하지.", "너랑 이야기하고 있으면 돈을 주고도 못 들을 말들을 듣고 있는 것 같아."라며 지지해 주었다. 내가 지금처럼 자존감이 높고 강한 사람이 되기까지 남편의 공이 컸다. 항상 응원해 주고 날 정말 많이 사랑해 주는 남편이 있어 든든하다.

나는 원래 책을 잘 안 읽었다. 돈을 주고 책을 산 적도 별로 없다. 한 달살이 직장인으로 살며 독서에 아예 관심이 없었다. 그때 남자 친구였던 남편은 좋은 책이 있으면 나에게 추천해 주었다. 어느 날은 이민규의 《실행이 답이다》라는 책을 선물로 주었다. 그리고 노란색 종이에 가지고 싶은 것과 원하는 것을 적어 보라고 했다. 그래서 노란색 종이에 매주 내가 가지고 싶은 것과 원하는 것을 적었다. 남편은 "책을 사는 데 돈을 아끼면 안 돼."라고 말했다. 그 말에 나의 생각은 바뀌었고, 그 뒤로는 서점에 갈 때마다 3~4권씩 책을 구매했고 서점에서 데이트도 했다.

남편에게 가장 고마운 것은 꿈쟁이인 나의 말을 다 들어 주고 너라면 다 이룰 수밖에 없다고 말해 준 점이다. 남편은 일찍 일어나서 산책을 하고 명상을 하는 등 자기관리가 철저한 남자다. 대학교를 다닐 때도 자신이 직접 등록금과 용돈을 벌었다. 성실하고 자립심이 강하다.

내가 회사원이고 남자 친구는 편입준비생으로 아르바이트를 하고 학원을 다닐 때였다. 내가 연어회가 먹고 싶다고 해서 같이 5만 원짜리 연어 무한리필 식당에 갔다. 나중에 알고 보니 응규는 연어를 좋아하지 않았다. 그런데 나에게 연어를 사 주기 위해 열심히 '노가다'를 했다고 한다. 열심히 일해서 10만 원을 벌면 일주일 정도 밥값으로 쓸 수 있는데 나에게 연어를 사 주느라 반이나 되는 비용을 한 번에 써 버리고 일주일 동안 라면을 먹거나 굶었다는 것을 알게 되었다. 너무 미안했다. 전혀 내색 없이 데이트할 때마다 아낌없이 주고 내가 먹는 것만 봐도 행복해하며 좋아하는 모습에 고마우면서도 내가 너무 철이 없는 것은 아닌가 미안한 마음이 들었다.

직장인이던 나와 달리 고시원에 살면서 직접 돈을 벌어 학원에 다니던 웅규에게는 데이트 비용까지 부담하는 것이 정말 힘들었을 것이다. 그러면서도 나한테 한마디 내색도 안 하고 항상 웃는 얼굴로 더 못 해 줘서 미안하다고 말했다. 항상 나를 아껴 주고 힘들어도 나를 우리 집까지 데려다주곤 했다. 늦은 시간에 절대 혼자 가게 할 수 없다고 나를 신림동 집까지 데려다주곤 자신은 다시 버스와 지하철 그리고 고속버스를 타고 집으로 돌아갔다. 그 모습이 너무 고맙고 듬직했다.

남편의 아이 같은 순수함과 솔직함이 너무 좋다. 아낌없이 날 사랑해 주는 웅규가 있기에 든든하다. 내가 무엇을 하든 지지해 주고 응원해 줘서 고맙다. 내 편이 있다는 든든함에 두려울 것이 없다.

나는 자유를 좋아하고 억압을 싫어한다. 고집이 강하고 즉흥적이며 돌발적인 상황을 즐기고 좋아한다. 하고 싶은 것은 무엇이든 하고, 어떻게 해서든 할 수 있는 방법만을 생각하려 한다. 정해진 시간에 정해진 것만 하고 계획적으로 움직이는 것을 좋아하지 않는다. 게다가 고집이 세서 가끔 서로 의견이 다르면 무조건 내 의견만 내세우고 내 멋대로 살기를 주장했다. 함께하는 사람이면 배려하고 존중해야 하는데 그러지 못해 싸운 적이 종종 있었다.

인생은 원래 내 멋대로 하고 싶은 일을 하고 세상에서 겪는 경험을 즐기려고 태어난 것이 맞긴 하지만 함께하는 사람에 대한 배려가 없었다는 생각이 들었다. 그리고 나는 이런 사람이니까 나한테 맞추라고 하고 정작 나는 다른 사람들을 조금도 배려하지 않았다는 데 미안한 마음이 들었다.

처음 김태광, 권동희 작가 부부를 만난 것은 책에서였다. 김태광 작가의 책《서른여덟 작가, 코치, 강연가로 50억 자산가가 되다》를 보면 "아름다운 인생 여행에서 나와 함께해 주는 발랄한 소녀 같은 아내 권동희에게 고마움을 전합니다."라는 문구가 적혀 있다. 책 속에서도 두 분의 아름다운 사랑이 전해졌다. 지금은 〈한책협〉에서 함께하며 두 분을 지켜보니 서로를 생각하고 존중하며 감사해하는 마음이 나에게도 전해진다. '나도 저런 사랑을 해야지'라고 생각하면서도 내가 남편을 정말 존중하고 있는지 의구심을 느낀다. 내가 먼저 존중하고 존경할 때 상대방도 나를 존중할 수 있다고 생각한다.

솔직하고 순수한 사람인 남편이 자기관리도 철저하고 생각이 깊고 배려심이 많아서 어른스럽고 멋있었는데 함께 일을 하게 되면서 매일 보니 이해보다는 짜증을 더 냈던 것 같다. 김태광, 권동희 작가 부부처럼 항상 서로를 존중하고 사랑하고 함께할 수 있음을 고마워하는 부부로 살아가는 것이 나의 꿈이다.

엄마, 아빠, 할머니
벤츠 태워 드리기

내가 유치원에 다닐 때 아빠는 시내에서 큰 만화방을 운영했었다. 나는 유치원이 끝나면 웅변학원에 갔다가 아빠의 만화방에서 놀곤 했었다. 할머니는 박달재에서 기사식당을 하셨다. 일본에서도 단체 예약이 가능하냐는 연락이 올 정도로 당시 알 만한 사람은 다 아는 유명한 식당이었다. 그래서인지 형편이 좋았던 우리 집은 친척들 중에 가장 큰 집을 갖고 있어 명절이나 가족 행사 때는 항상 우리 집에 모였다.

하지만 IMF가 닥치고 집이 어려워지자 서울에서 제천으로 이사를 했다.

"아빠, 나 롯데리아 아이스크림 먹고 싶어."

다섯 살이던 남동생이 아빠에게 롯데리아의 소프트콘이 먹고 싶다고 300원을 달라고 했다. 아빠는 지금 돈도 없는데 무슨 아이스크림이냐고 소리를 지르셨다. 그러고는 화를 내시며 집을 나가셨다. 나중에는 나에게 따로 전화하셔서 아까는 미안했다며 동생들 데리고 아이스크림을 사 먹고 오라고 하셨다. 그때 어린 나이임에도 '우리 집에 돈이 없구나'라는 생각이 들었다. 만화방 문을 닫고 아버지는 중학교, 초등학교에 다니는 우리 삼남매 교육비와 생활비를 벌기 위해 김치공장에서 일을 하셨다. 학창시절에는 돈 때문에 부모님이 다투시는 것을 본 적이 많았다.

초등학교 때만 해도 친척들 중 제일 잘살고 집도 제일 컸는데 갈수록 가난해졌다. 학교에서 소풍이나 수학여행을 갈 때 휴게소에서 간식을 사 먹는 것이 최고의 낙이겠지만 나는 그런 적이 없다. 배달음식을 시켜 먹은 적도 거의 없고 외식한 것도 손에 꼽을 정도였다. 가족끼리 제주도나 해외로 여행을 다녀오는 친척들을 보면 부러웠다. 우리는 차를 타고 바다에 놀러 가도 숙박비를 아끼느라 차에서 자곤 했다. 바닷가가 보이는 정자에서 침낭을 펴고 자기도 하고, 좋은 분들을 만나 평상에서 같이 고기도 구워 먹고 텐트를 치고 잤던 일들은 지나고 보니 추억이 되었지만 당시에는 불편했다.

그럴 때마다 나는 돈을 많이 벌고 싶고, 잘되고 싶고, 잘살고 싶다는 생각이 들었다. 아빠와 엄마는 성실하고 열심히 사는 사람들이었다. 아빠는 일을 하면서도 공인중개사 공부를 하여 결국 시험에 합격하셨고, 엄마는 간호사로 일하시며 각종 자격증 시험을 보셨다. 항상 배우고 공부하는 모습이 존경스러웠다.

어렸을 적 어쩌다 부모님의 월급을 알게 되었다. 두 분 다 200만 원이 안 되는 급여를 받고 계셨다. 나는 그것을 보고 당시 '직장인이 되면 200만 원을 버는 것이 잘 버는 것이구나'라고 생각했던 기억이 난다. 생각해 보면 빠듯한 월급으로 삼남매를 키우시며 살림을 꾸려 나가신 부모님이 정말 대단하다는 생각이 든다. 어려운 형편임에도 우리에게 좋은 것을 누릴 수 있도록 지원해 주시고 부족함 없이 키우려고 노력하셨을 부모님에게 참 감사하다. 내가 직장인이 되어 월급을 받아 보니 부모님께서 힘들게 일해서 번 돈을 자식들 키우는 데 다 쓰시는데 우리는 그것을 당연하게 여기며 감사할 줄도 몰랐다는 생각에 죄송한 마음이 들었다.

내가 직장인이 되고 나서 가장 행복했던 때는 가족들과 함께 넓고 테라스가 있는 호텔을 예약해 여행을 갔을 때다. 깨끗한 침대에서 휴식을 취하며 이렇게 좋은 것을 그동안 우리는 왜 누리지 못했나 하는 생각이 들었다. 그리고 너무 좋아하시는 부모님을 보며 앞으로 더 잘해 드려야겠다는 생각이 들었다.

치과위생사 일을 하다 사직서를 내고 〈한책협〉에 왔을 때 아빠는 갑자기 일하던 직장을 때려치우고 나온 나를 정신이 나갔다고 말렸다. 그것도 그럴 것이 남들이 하지 않는, 부모님의 상식에서 벗어난 행동을 했기 때문이었다. 나는 계속되는 반대에 일도 제대로 할 수 없고 마음이 불편해져 당분간 아빠와 연락을 끊기로 했다. 그리고 아빠에게 빨리 성공한 모습을 보여 드리겠다는 생각을 했다. 지금은 그때 한 다짐처럼 1인 기업가로 나아가려는 사람들에게 1인 창업에 필요한 네이버 카페 관리에 관한 강의를 하며 젊은 나이에 벤츠를 타고 있다.

얼마 전 내 생일에 동생들이 축하해 주겠다며 내가 있는 분당 근처에 왔다. 만나서 식사를 하려는데 바빠서 연락을 못 드렸던 아빠한테서 문자가 왔다. 생일인데 타지에서 홀로 식사는 잘 챙겨 먹는지 잘 있는지 궁금하다고 묻는 내용이었다. 전화를 드려서 동생들과 함께 있다고 하니 아빠는 "그래, 잘했다. 잘했어. 맛있는 거 먹고 생일인데 함께 못 있어 미안하다."라고 하시며 우셨다. 뭐가 그리도 슬픈 건지 아빠는 나랑 통화할 때마다 눈물을 훔치신다.

"생일 축하하고 오늘은 어느 누구보다 아빠 딸 민정이가 가장 축복받고 행복해야 한다. 민정아, 너는 아빠가 가장 사랑하는 고귀한 딸이란다. 너 자신을 소중하고 고귀하게 가꾸어 나가도록 해라."

항상 딸이 잘되고 잘 살았으면 하고 걱정하시는 부모님께 잘

된 모습을 보여 드리고 벤츠를 태워 드리고 싶다. 딸이 성공의 상징인 벤츠를 타고 다닐 정도로 성공했다는 것을 아시면 행복해하고 자랑스러워하실 것이다. 이제는 잘 살고 있다는 것을 알고 안심하실 것이다. 그리고 내가 해냈다는 것을 보여 드리고 싶다. 세상에서 가장 소중하게 사랑 가득 키워 주셔서 감사하다고 고생하셨다고 말씀드리고 싶다. 딸 잘 키웠다고 어깨 으쓱하며 자랑스러워하실 수 있게 해 드리고 싶다.

얼마 전 아빠 생신을 맞이해서 부모님을 모시고 참치회 코스 요리집에 갔다. 오랜만에 다섯 가족이 모두 모여 생신파티를 해 드렸다. 생신 선물로는 현금을 드렸다. 직장을 그만두고 다른 일을 한다고 했을 때 뜯어말리셨던 아빠도 이제 내가 일을 잘해 돈을 잘 번다는 것을 알게 되시고는 자랑스러워하시고 뿌듯해하셨다. 그 모습을 보고 앞으로는 더 잘해서 딸 자랑을 더 많이 할 수 있게 해 드리고 싶다는 생각을 했다.

나는 운전을 아빠에게 처음 배웠다. 그때 아빠가 외제차는 수리비가 많이 나오니까 사고 나지 않게 조심해야 한다고 하신 말씀이 기억난다. 이제는 외제차 타는 딸이 되어서 아빠가 평생 타 보지 못하신 벤츠에 태워 드리고 딸이 벤츠를 타고 다닌다고 자랑할 수 있게 해 드리는 것이 나의 꿈이다.

05

경제적인 자유와
시간의 자유를 누리고 살기

　월급이 들어온 지 일주일 만에 통장잔고가 '0원'이 된 것을 경험한 적이 있는가? 많은 직장인들이 한 번쯤은 경험해 봤을 것이다. 나머지 3주는 신용카드를 사용하거나 최대한 소비를 자제하며 사고 싶은 것, 갖고 싶은 것, 심지어 꼭 필요한 것도 하지 못하고 산다. 나는 돈에 대해 예전에는 안 좋게 생각했었다. '돈이 전부가 아닌데 사람들은 돈만 밝힌다. 돈보다 소중한 것이 있다'라며 말이다. 이제는 알게 되었다. 돈이 있어야 마음에 여유가 생기고 돈이 선택의 자유, 시간이 지유를 가져다준다는 것을 말이다.

　작년에 직장인이던 나는 당시 남자 친구에게 고가 브랜드의 선물을 사 주려고 알아보던 중이었다. 대학생인 남자 친구는 남자라면 하나씩 차고 있는 흔한 손목시계도 없었다. 그래서 사 주는 김에 남들이 부러워할 정도로 좋은 시계를 사 줘야겠다고 생각했다. 자신을 위해서 좋은 것을 사는 대신 항상 나를 먼저 생각하고 무엇이든 해 주려고 노력하는 남자 친구가 너무 고마웠기 때문이다. 선물로 고른 시계는 직장인인 나도 한 번도 써 본 적 없던 금액의 고가품이었다. 남자 친구의 생일은 1월인데 전년도 11월부터 가격을 알아봤다. 여기저기 온라인 쇼핑몰을 서핑해 제일 저렴하게 파는 곳을 찾았다. 그리고 혜택이 좋은 카드를 만들어 가장 저렴한 가격에 시계를 구입했다.

지금 생각해 보면 몇 만 원을 아끼겠다고 발품을 판 그 시간에 다른 것을 했으면 더 효율적이었을 것 같다는 생각이 든다. 당시에는 시간보다 돈이 더 중요했나 보다. 부자들은 가격을 비교할 시간에 어떻게 하면 더 많은 돈을 벌 수 있을지를 생각한다. 부자는 더 부자가 되고 가난한 사람은 더 가난해지는 이유는 이런 작은 습관 때문이다. 나는 돈을 아끼겠다고 돈보다 더 귀한 시간을 허비했던 것이다. 그냥 매장에 가서 바로 구매했다면 한 달 동안 재고 비교하며 망설였던 시간을 아꼈을 것이다. 직장인일 때는 돈보다 시간이 더 귀하다는 것을 알지 못했다.

나는 〈한책협〉을 만나고 달라졌다. 부를 쌓고 돈을 벌고 싶으면 돈을 배워야 한다는 생각에 부에 관한 책을 읽기 시작했다. 《부의 추월차선》, 《부의 비밀》 등 김태광 코치가 추천해 주는 부에 관한 책을 읽고 내가 가난하게 살았던 데는 이유가 있었다는 것을 깨달았다. 함께하는 주변의 가족, 친구들의 생각에 물들어서 돈을 미워하고 시간보다 돈을 더 아끼는 것이 당연하다는 듯이 살았었는데 책을 읽으면서 충격과 깨달음을 얻었다.

얼마 전에 아빠 생신을 맞이해 참치회 코스요리 전문점에 갔다. 금액에 상관없이 사랑하는 사람들과 먹고 싶은 만큼 시키고, 사 주고 싶은 만큼 사 주는 나를 발견했다. 직장인일 때는 사람들과 밥을 먹으면서도 그 시간과 행복을 즐기기보다 머릿속으로 비용이 얼마나 나올지 계산했었다. 이제는 경제적으로 여유가 있으니 얼마든지 비용을 낼 수 있고 사람들과 행복한 이야기만 나누고 그 행복을 온전히 누릴 수 있다. 경제적인 여유가 있으면 내가 사랑하는 사람들과 소중한 시간을 마음껏 누릴 수 있다. 그래서 나는 경제적인 자유를 누릴 수 있게 해 주는 돈을 좋아하게 되었다.

직장인 부부가 싸우는 이유의 25%가 경제적인 문제 때문이라고 한다. 돈에 있어서 자유롭고 여유롭다면 그만큼 서로 예민해지고 부딪칠 일이 없을 텐데 말이다. 나도 어렸을 때 부모님이 돈 때문에 싸우는 모습을 봤다. 그때 두 분이 싸우는 것을 보고 무섭고 서러워서 울었다. 돈이 없냐면 나 또한 사랑하는 사람과 부딪칠 일이 생길 것이다. 돈이 없으니 카드를 사용하게 되고 그러니 월급이 들어오자마자 카드값으로 나가고, 또 현금이 없으니 빠듯해지고 카드값을 지불해야 되는데 돈이 없으니 쪼들리게 되고 예민해진다. 당장 눈앞의 현실이 각박한 사람들에게 마음의 여유는 없어지게 마련이다. 그러다 보니 작은 일에도 신경질적이게 되고 돈 몇 푼에 싸우게 되는 것이다. 그래서 나는 결혼을 하고 가정을 이루어 살 때 돈을 많이 벌어서 경제적인 문제로는 다툼이 없었으면 좋겠다는 생각을 한다.

얼마 전 도저히 내가 손을 댈 수 없을 정도로 집이 지저분해 가사도우미를 불렀다. 처음으로 돈을 내고 청소를 맡겼는데 4시간 동안 이불 빨래, 화장실 청소, 싱크대 청소, 바닥 청소, 집 정리를 다 해 주셨다. 나는 그 시간을 활용해서 못 했던 일도 하고 책도 읽으며 시간적인 여유를 누릴 수 있었다. 돈이 있으면 시간적인 여유를 가질 수 있다는 것을 알게 되었다. 나보다 청소를 더 좋아하고 잘하시는 분에게 청소를 맡기고 나는 그 시간 동안 내가 좋아하고 잘하는 일을 하고 책을 읽으며 앞으로의 미래를 그리는 기회로 활용하는 것이다. 그러면 훨씬 빠른 시간에 집도 쾌적해지고 나만의 시간도 확보할 수 있다. 돈을 많이 벌면 주 3회 하루 4시간씩 가사도우미를 불러서 각종 청소와 요리를 맡기고 쾌적한 집에서 매일 꿈을 그리고 생각하며 살기를 꿈꾼다.

시간의 자유가 없으면 가족이나 사랑하는 사람들과 함께하는 소중한 시간을 누리지 못한다. 자는 시간, 일하는 시간을 빼면 평생 가족과 함께할 시간이 몇 년밖에 되지 않는다고 한다. 그래서 나는 남은 시간을 소중한 추억들로 채우고 싶다. 보통 가족들과 함께 여행을 갈 때면 항상 국내로 갔었다. 차로 이동할 수 있어 교통비를 아낄 수 있었기 때문이다. 그리고 식사를 할 때도 항상 가격을 고려했었다. 그래서 우리 가족은 함께 해외여행은커녕 제주도도 간 적이 없었다. 사랑하는 가족들과 해외여행을 가고 멋진 호텔에서 휴식을 취하며 먹고 싶은 음식을 마음껏 돈 걱정 없이 먹고 즐기고 싶은 것이 나의 꿈이다.

보통 물건을 사거나 무언가를 선택할 때 가격에 맞추어서 결정한다. 하지만 가격을 보고 구매하면 내가 원하는 것이 아니기 때문에 그만큼 애정이 가지 않는다. 가격에 맞추어 사다 보면 저렴한 것을 찾게 되니 시간이 걸리고, 구매를 하고도 쉽게 싫증이 난다. 그러면 다시 물건을 구매하는 일이 생기고 결국에는 오히려 이중으로 돈을 쓰게 되니 낭비를 할 수밖에 없는 악순환이 거듭된다. 부자들은 가격이 아니라 필요성이나 디자인을 보고 구매한다. 가격이 아닌 성능과 가치를 보고 사니 나중에 후회할 일도 없다. 저렴하게 구입하기 위해 정보를 알아보고 비교하느라 시간이 들지 않으니 그 시간에 다른 생산적인 일을 하고 돈을 벌 생각과 꿈을 향해 나아갈 생각을 더 할 수 있다. 그러니 부자는 점점 더 부자가 되고 가난한 사람은 점점 더 가난해지는 것이다.

다음은 경제적 자유를 가지게 되면 내가 하고 싶은 것들이다.

- 사랑하는 남편과 지금처럼 꿈을 이야기하며 돈 벌 생각, 꿈을 이룰 생각만 하고 살기

 - 사랑하는 가족들과 함께 해외여행 가기. 모든 비용은 내가 부담하기

 - 주 3일 가사도우미 고용하기

 - 남편과 따로 탈 수 있는 세컨드카 사기

 - 나와 남편을 닮은 사랑스러운 아이 갖기

 - 남편과 커플 롤렉스 시계 차기

경제적인 자유 그리고 시간의 자유를 가지고 사랑하는 사람들에게 소중한 시간을 선물할 수 있는 사람이 되고 싶다. 경비를 생각하지 않고 가고 싶은 곳으로 여행을 떠나 좋은 숙소에서 맛있는 음식을 주문할 수 있는 선택의 자유를 가지고 싶다. 경제적인 자유와 시간적인 자유를 가지기 위해서는 알아서 부가 축적되는 시스템을 배워야 할 것이다.

현재 부를 이룬 사람들도 20~30대에는 치열하게 살았으며 그 삶 속에서의 배움을 통해 지금은 부를 누리며 살고 있다. 나는 지금 20대이니 더욱 치열하게 배우고 시스템을 갖춰서 선택의 자유를 누리는 삶을 살 수 있도록 노력하겠다.

버 킷 리 스 트 10

Chapter 8

지혜와 경험을 나누는
대한민국 대표
동기부여가 되기

· 임원화 ·

임원화

'임마이티 컴퍼니' 대표, 마인드 모티베이터, 동기부여 강연가, 몰입독서 및 책 쓰기 코치,
1인 기업 멘토, 책 쓰는 간호사

모두의 잠재력을 깨우는 기업 '임마이티 컴퍼니'대표로 집필, 강연, 코칭, 컨설팅, 특강, 워크숍, 칼럼
기고 등을 활발히 진행하고 있다. 지식과 경험을 나누는 메신저로서 다양한 대중들과 소통하고 있으
며, 책 쓰기를 기반으로 1인 기업가를 시작하는 이들의 멘토로 활약하고 있다. 저서로는《하루 10분
독서의 힘》,《한 권으로 끝내는 책쓰기 특강》외 8권이 있다.

E-mail immighty@naver.com   Blog www.dreamdrawing.co.kr
Cafe www.immighty.co.kr   C · P 010 8330 2638

01

꿈꾸는 서재가 있는
드림하우스 및 별장 주인 되기

    나는 아무리 바빠도 방송인 주병진과 웰시코기 강아지 세 마리 '대, 중, 소'가 출연하는 채널A의 예능 프로그램 〈개밥 주는 남자〉를 꼭 '본방사수'(본 방송을 반드시 본다는 뜻의 신조어)한다. 개성이 각기 다른 강아지들과 과거 〈주병진 쇼〉를 진행한 유명 연예인 주병진이 좌충우돌하는 모습을 보는 재미도 있지만, 내가 이 프로그램을 챙겨 보는 더 중요한 이유가 있다. 바로 프로그램을 통해 화려한 펜트하우스 내부를 볼 수 있기 때문이다.

    프로그램에 소개된 그의 펜트하우스는 평수도 넓지만 인테리어도 멋지다. 현관의 넓은 신발장 공간을 지나면 방과 거실로 이어지는 긴 복도가 있다. 복도 벽을 따라 고급 술과 와인을 진열해 둔 장식장이 있다. 햇빛이 잘 들어오는 넓은 거실로 가면 크고 화려한 샹들리에가 한눈에 들어온다. 바닥은 흰 대리석으로 빛나고, 벽걸이형 대형 TV와 고급스러운 소파가 있다. 거실 옆으로는 여자들의 로망인 우아한 디자인의 큰 탁자와 넓은 부엌이 있다.

1층에서 2층으로 이어지는 계단을 따라 올라가면 사우나 시설이 갖춰진 욕실과 야외 테라스가 있다. 2층 외부로 나가면 전원주택 부럽지 않은 멋진 조경의 마당이 갖춰져 있고, 깔끔하게 관리된 잔디와 여유롭게 휴식을 즐길 수 있는 간이 수영장까지 있다. 꼭대기층 펜트하우스이기에 아무에게도 방해받지 않고 소중한 사람들과 맛있는 음식을 나눌 수 있다. 해가 뜨고 노을이 지는 것을 누구보다 높은 곳에서 바라볼 수 있다.

모든 공간들이 입이 떡 벌어질 정도로 멋졌지만, 무엇보다 내 마음을 사로잡은 것은 서울의 야경이 한눈에 들어오는 2층 서재였다. 책을 읽는 고요한 시간들을 즐기고, 책을 쓰는 것이 직업이 된 나는 '서재'를 매우 중요하게 여긴다. '다시보기'로 본 이 프로그램을 일시정지를 눌러 가며 몇 번을 반복해서 봤는지 모른다. 내가 원하는 '꿈꾸는 서재'의 모습을 생생하게 시각화할 수 있어 행복했다.

이 프로그램을 시청한 이후로 나는 펜트하우스에 관심이 생겼다. 분당의 수많은 아파트 중 펜트하우스가 있는 아파트를 검색해서 이미지를 찾아보았다. 분당 정자동에 위치한 P아파트에도 펜트하우스가 있었다. 100평 남짓한 펜트하우스를 리모델링한 인테리어 업체의 블로그 포스팅을 보며 가슴이 쿵쾅거렸다. 경기도에서 시세가 높기로 유명한 이곳은 내가 가장 이사 가고 싶은 아파트 1순위였기 때문이다.

잠들기 전 이 아파트의 매매가와 전월세 정보를 확인하는 것은 나의 반복된 일과다. 욕망은 행동력을 끌어올리는 가장 큰 무기다. 매일 중요한 의식처럼 행해지는 이 행동이 알게 모르게 큰 원동력이 된다. 나는 P아파트에 살고 싶다는 바람에 펜트하우스라는 키워드를 더하기로 했다. 펜트하우스에 살고 싶다는 강한 열망이 과연 어떤 변화를 가져다줄 것인지 벌써부터 기대가 된다.

현재 나는 내 소유인 집에 살고 있지만, 몇 년 전만 해도 그렇지 못했다. 대학병원에서 약 5년간 간호사로 직장생활을 하며 학자금 대출을 갚기도 빠듯했다. 간호사 기숙사는 2년까지만 이용할 수 있었기 때문에 독립할 준비를 해야 했다. 부모님의 도움 없이 살 집을 구해야 했던 나는 만만치 않은 현실에 절망했다.

지금껏 열심히 공부했고, 취업을 위해 고군분투했다. 밥도 제대로 먹지 못하며 치열하게 일했다. 남들이 부러워하는 규모의 직장에서 안정적으로 대기업 수준의 연봉을 받았다. 하지만 분당의 집값은 높고도 높았다. 전세는커녕 월세 보증금 구하기도 힘들었다. 내가 가진 금액에 맞는 집을 부동산 중개업자에게 소개받을 때마다 다리에 힘이 풀리고 눈물이 핑 돌았다. 당장이라도 귀신이 나올 것 같은 낡고 오래된 집이거나 햇빛이 들어오지 않는 지하나 반지하 집이었다. 눈이 펑펑 오던 추운 겨울, 나는 처음으로 내가 힘이 없는 사람임을 뼈저리게 느꼈다.

비록 현재 가진 것은 없지만 앞날을 위해 환경이 중요하다는 생각이 들었다. 추운 날씨에도 집은 아늑하고 따뜻해야 하고, 밤 근무가 많아 커튼을 치고 잘 테지만 햇빛이 잘 들어오는 밝은 집에 살아야겠다고 생각했다. 오히려 새로 리모델링한 풀 옵션의 월세가 비싼 곳을 구했다. 하루 10시간씩 일해 눈물겹게 버는 월급의 20%가 매달 월세로 빠져나갔지만 그래도 행복했다. 밝은 집이라 내가 좋아하는 책을 읽기에 좋았고, 넓진 않지만 나만의 공간이 있다는 것만으로도 감사했다.

한 6개월 정도 지났을까? 이 집 역시 익숙해졌고, 짐이 많아지면서 갑갑함을 느꼈다. 시설은 좋았지만 공간이 너무 좁았다. 매달 내는 월세 역시 밑 빠진 독에 물 붓기처럼 여겨졌다. 돌파구가 필요했다. 병원에서 근무하는 것이 살얼음을 밟는 것처럼 긴장의 연속이었던 나는 쉬는 날, 출근 전, 퇴근 후 자주 집 근처 대형서점에 갔다. 힘든 병원생활을 버텨 낼 수 있도록 해 준 것은 책이었고, 그날도 어김없이 책을 사기 위해 서점에 갔다.

서점 근처 오피스텔을 지나며 '여기서 살면 얼마나 좋을까?'라는 생각을 했다. 그러다 갑자기 상담이나 받아 볼까 하는 용기가 생겨 뭔가에 홀린 듯 부동산에 들어섰다. 부동산 중개업자에게 오피스텔을 매매해서 차라리 지금 내는 월세를 대출이자로 내라는 조언을 받았다. 가슴이 쿵쾅거렸다. 이 오피스텔에 산다면 자주 가는 서점이 코앞인 데다가 지방에 있는 가족들도 분당에 올라와서 머물 수 있기 때문이다.

나는 거의 매일 부동산에 가서 매물 정보를 받고 중개업자와 함께 전략을 짰다. 그렇게 신혼부부에게 인기가 많아 매물이 나오면 바로 계약될 정도로 경쟁이 치열한 로열층 복층 매매에 성공했다. 세상을 다 가진 듯 짜릿한 기분이 들었다. 하지만 기쁨도 잠시, 매매 잔금을 치르기 위해 여기저기 발품을 팔며 뛰어다녀야 했다. 잔금을 날짜 안에 치르기까지 피가 마르는 나날을 보냈다. 매매 후 오피스텔 취득세와 부동산 중개비까지 내고 보니 수중에 당장 내일 움직일 차비도 없을 정도였다.

대출이자를 감당하고 원금을 상환하느라 힘들었지만, 이 오피스텔은 나를 치열하게 꿈꾸고 행동하게 했다. 당시 3교대 근무를 하는 대학병원 중환자실 간호사였던 나는 베스트셀러 작가이자 강연가가 되어 많은 사람들과 소통하고 싶은 꿈이 있었다. 그 꿈을 이루기 위해 넓고 커다란 탁자에서 책을 읽고 책을 쓰고 강의 준비를 했다. 많은 책이 쌓여 있고 예쁜 조명이 환하게 켜진 그 공간에서 이루고 싶은 목표를 수시로 적었다. 되고 싶은 모습을 낮이나 밤이나 생생하게 상상했다. 갖고 싶은 것을 열망했고, 하고 싶은 일을 하며 나답게 행복할 수 있도록 노력했다. '꿈꾸는 서재'

라고 지칭한 그 공간에서 무수히 많은 밤을 새웠고, 나는 결국 베스트셀러 작가가 되었다. 전국에서 강연 요청이 쇄도하는 강연가가 되었고, 독서 코치에서 더 나아가 책 쓰기 코치이자 컨설턴트가 되었다.

지금은 좋아하는 일을 하며 시간적, 경제적 자유를 이뤄 가고 있다. 자회사를 설립한 1인 기업가가 되었고, 고군분투한 시간들은 고스란히 성과로 이어져 직장인일 때의 연봉의 5배가 넘는 수입을 올리고 있다. 의식이 커지고 사고방식이 달라진 나는 스스로 한계 짓지 않으면 어떤 목표든 이룰 수 있다고 확신한다.

나는 1년 안에 전망이 확 트인 넓은 아파트로 이사를 갈 계획이다. 추후 자녀들이 크면 50평대로 평수를 늘리고, 자유롭게 글을 쓰고 휴양할 수 있는 전망 좋은 별장을 렌트하거나 소유할 것이다. 10년 안에 모던하게 리모델링된 펜트하우스로 이사를 갈 것이다. 20년 안에 부동산 가치가 높은 빌딩주가 될 것이고, 30년 안에 전망 좋고 공기 좋은 단독주택에서 아침마다 넓은 마당을 산책할 것이다.

잘생긴 휘색 사모에드 강아지가 반갑게 맞이해 주는 집을 상상해 본다. 강아지가 함께 뛰노는 아이들의 행복한 웃음소리가 넘쳐 난다. 눈부신 햇살이 들어오는 펜트하우스에서 아침잠을 깨는 모습을 생생하게 그려 본다. 불과 몇 년 전 내가 간절히 상상했던 일들이 생각보다 빨리 현실이 된 것처럼 이 역시 당연한 일상이 될 것이라 믿는다.

02

임마이티 컴퍼니 센터 및
재단 설립하기

지치고 힘들다는 생각이 들 때마다 복잡한 머리를 식히기 위해 찾는 곳이 있다. 새로운 일을 시작할 때나 큰 변화를 앞두고 있을 때도 우선순위로 이곳에 온다. 이곳에서 다시금 마음을 단단하게 먹는다. 모든 것이 잘되리라는 자기암시도 한다. 존재만으로도 위로가 되는 친구처럼 이곳은 내게 조용하면서도 든든한 에너지를 준다. 이 장소에서 생각을 정리하고 오면 침체되어 있던 일은 새로운 흐름을 탔고, 복잡한 일은 갑자기 해결되었다. 꾸준히 해 오던 일은 상승세를 타며 더 잘되기도 했다. 힘들 때마다 찾는 곳이면서 좋은 소식이 있을 때 꼭 보고하러 오는 이곳은 바로 파주 헤이리 북하우스다.

약 3년 전 여름이었다. 이제 막 연애를 시작한 풋풋했던 연애 초반, 남자 친구와 함께 우연히 헤이리 마을을 가게 되었다. 나는 그 당시 3년 차 직장인으로 극심한 매너리즘을 느끼고 있었다. 바쁜 3교대 근무로 인해 체력도 바닥이 난 상태였고, 병원 업무와 인간관계로 인해 스트레스가 많았다. 심신이 지쳐 있던 시기라서 그랬을까? 작가들의 공방과 작업실을 둘러보며 나는 일시적이지만 '해방감'을 느꼈다. 문득 하고 싶은 일을 하며 자유롭게 살고 싶다는 생각이 들었다. 그들처럼 나만의 공간에서 내가 좋아하는 일을 열정적으로 하는 내 모습이 그려졌다.

예쁜 카페가 많았지만 책이 있는 공간으로 가고 싶어 헤이리 북하우스로 들어갔다. 강렬한 색감의 서재가 한눈에 들어왔다. 탁 트인 공간에 높은 천장, 사방이 통유리로 되어 있어 햇빛이 환하게 들어왔다. 예쁜 조명 아래 세모, 네모, 동그라미로 구성된 알록달록한 탁자들이 있고, 수많은 책들이 빼곡히 진열되어 있었다. 사방으로 책이 가득한 헤이리 북하우스에 들어서자마자 가슴이 세차게 뛰었다. 막연히 이런 북하우스를 갖고 싶다는 생각을 했다. 나는 남자 친구에게 이렇게 말했다.

"니중에 나도 이런 센터를 지을 거야. 1층에는 커피향이 나는 북카페를 들이고, 2층은 대강연장과 강의실로 쓰는 거지. 3층에는 사무실과 내 서재와 넓은 응접실이 있어."

같이 커피를 마시던 남자 친구는 놀란 눈으로 나를 쳐다보았다. 그러더니 선뜻 사진을 찍어 주겠다고 했다. 그 목표를 이루려면 이 장소를 계속 기억할 수 있게 하는 사진을 찍어 두어야 한다는 의도였던 것 같다.

나는 이 공간에서 책을 읽고, 생각에 잠기는 등 자연스럽게 행동하는 모습을 사진으로 찍었다. 무엇에 이끌린 듯 다이어리를 펼치고 새로운 다짐도 적었다. 헤이리 북하우스와 같은 센터를 설립하기 위한 첫 시작으로 먼저 책을 쓰는 작가가 되겠다고 결심했다. 내년에 내 이름으로 된 책을 출간해서 이곳에 다시 오겠다고 선언했다.

그리고 정확히 1년 만에 헤이리 북하우스에서 출간 예정인 나의 책 표지를 들고 사진을 찍었다. 바로 1년 전 남자 친구가 사진을 찍어 주었던 그 테이블에서 말이다. 신기하게도 출간 전 출판사와의 사전 미팅이 헤이리 마을 근처 파주 출판단지에서 이루어졌다. 1년 전 신언한 대로 내 인생 첫 책의 표지를 들고 인증 사진을 찍었다. 사진을 찍으면서 내년에도 여러 권의 책을 출간하고 지금보다 성공한 모습으로 오겠다고 다짐했다.

대학병원 중환가실 간호사였던 나는 하고 싶은 일을 나답게 하기 위해 안정적인 직장을 내려놓았다. 책을 쓰는 과정에서 자존감이 상승한 나는 계속 책을 쓰고 강연을 하며 많은 사람들과 소통하고 싶었다. 그저 열심히 해야 하는 일이 아니라 가슴이 뛰어 절로 열심히 하게 되는 일을 하고 싶었다. 새로운 길이 두렵기도 하고 많은 시행착오를 겪기도 했다. 하지만 책을 쓴 뒤 베스트셀러 작가이자 강연가, 코치, 컨설턴트, 동기부여가로 나아갈 수 있었고, '모두의 잠재력을 깨우는 기업'이라는 모토로 '임마이티 컴퍼니'를 설립했다. 현재 많은 사람들에게 지식과 경험을 나누어주는 메신저이자 멘토로 활약하고 있다.

우연히 놀러 갔던 헤이리 북하우스를 지금은 흰색 벤츠를 타고 원고를 쓰거나 머리를 식히기 위해 가고 있다. 매년 북하우스에 함께 갔던 남자 친구는 내 꿈을 응원해 주는 남편이 되었다. 얼마 전에도 같이 헤이리 마을에 다녀왔다. 둘 다 쉬는 날이면 북하우스에 가서 커피를 마시고 할 일을 하며 여유롭게 보낸다. 파주 아울렛을 둘러보며 쇼핑도 하고, 소문난 맛집에서 저녁을 먹기도 한다.

평범한 직장인이었던 나는 한 회사의 대표가 되었다. 현재 직장인일 때의 연봉의 5배가 넘는 매출을 올리고 있다. 크고 작은 성공과 끊임없는 시행착오들은 다양한 체험과 깊은 깨달음을 얻게 한다. 앞으로 나아가게 해 주는 자산이 되기도 한다. 다양한 사람들과 만나 강연, 코칭, 컨설팅으로 소통하며 나는 다방면에서 빠르게 진화하고 있다. 첫 책을 쓴 지 약 3년 만에 출간된 책만 10권이 넘었다. 내 드림리스트와 드림보드는 매번 업그레이드되고 있다. 나를 롤모델로 하는 사람들은 점점 많아지고 있다.

2017년에는 탄탄한 시스템을 구축하고, 직원의 역량을 강화시키며 회사를 더 크게 키울 것이다. 3년 안에 내가 현재 몸담고 있는 분야에서 크게 성과를 이룬 사람으로 확고히 자리를 잡을 것이고, 5년 안에 10억 원의 매출을 달성할 것이다. 7년 안에 누구나 일하고 싶어 하는 기업의 대표로 유명해질 것이고, 북하우스에서 선언한 대로 10년 안에는 멋진 '임마이티' 센터를 지을 것이다.

10년 뒤면 2026년이다. 나는 서른두 살에서 마흔두 살이 되어 있을 것이다. 직원의 인사를 받으며 커피 향기가 나는 북카페 및 넓은 테라스를 한 바퀴 둘러본다. 환한 조명의 계단을 따라 2층으로 올라가면 호텔의 연회장 같은 대강연장이 보인다. 출간된 책의 북 콘서트를 준비하는 직원들의 움직임이 분주하다. 곳곳의 강의실에서는 수시로 강연, 코칭, 컨설팅이 이루어지고 있다. 내가 키워 낸 제자들은 각 분야에서 유명한 코치가 되어 지식과 경험을 나누는 메신저로서 사람들을 변화시키고 있다. 나는 뿌듯한 마음을 안고 3층으로 올라간다. 모던한 인테리어의 넓은 응접실을 지나 내 사무실 겸 서재로 향한다. 1만여 권의 책이 사방으로 빽빽하게 진열되어 있다. 환한 조명을 받는 한쪽 벽에는 지금까지 출간한 200여 권의 책이 가지런히 놓여 있다.

임마이티 센터 홀에서는 스타강사들의 특강, 명사 초청 강연 등이 활발하게 이루어진다. 작가, 예술가, 명사, 유명인 등을 초청해 다양한 문화 콘텐츠 강연을 선도한다. 드림드로잉 프로젝트인 〈책꿈디자인〉 프로그램을 진행한 지도 어느덧 10년이 훌쩍 넘어 300번째 기수를 달성했다. 강연, 프로그램, 코칭, 컨설팅으로 꿈 맥 1,000만 명을 달성한다는 목표 중 벌써 10만 명을 달성했다. 독서 강국, 꿈꾸는 대한민국을 만들고 전 국민 1인 1책 쓰기에 앞장선 공로로 국가에서 상도 받았다.

임마이티 재단을 설립해 다양한 자선사업 및 재능기부를 펼친다. 매년 흑자를 내고 있어 숙원이었던 임마이티 도서관 짓기 사업도 속도를 낸다. 수많은 언론사에서 취재를 나온다. 나는 카메라 앞에서 임마이티 기업의 비전과 소명을 당당하게 말한다. 성공한 CEO이자 자수성가한 기업가로서 많은 사람들의 박수갈채를 받는다.

생생하게 상상하는 것만으로도 행복하지만, 그 상상을 디테일하게 글로 적으니 이미 이루어진 듯 감사한 마음이 든다. 몇 년 전 나는 헤이리 북하우스와 같은 센터를 설립하고 싶다는 막연한 꿈만 꾸었다. 하지만 현재 그 꿈을 확신하며 디테일한 계획을 세우고 매일 뜨겁게 행동하고 있다. 매년 자기암시를 하며 목표를 업그레이드해 왔던 장소는 10년 뒤 새로운 장소로 바뀔 것이다. 헤이리 북하우스가 아니라 나의 센터인 임마이티 북하우스로 말이다.

멋진 아내,
당당한 엄마 되기

정확히 기억이 나진 않지만 어릴 적 어머니가 내게 했던 말이다.

"나는 우리 딸들이 전문직에 종사했으면 좋겠어. 애 낳고도 언제든지 일할 수 있게."

우리 집은 딸이 둘이다. 어머니는 나와 여동생이 전문직 여성이 되길 원했다. 집 안에서 남편과 아이를 챙기며 살림만 하지 말고 평생 일하는 여성으로 실길 바라셨다. 그래서일까? 나는 어릴 때부터 당당한 전문직 여성이 된 내 모습을 떠올리는 것을 당연시했다.

20대의 어머니는 당시 알아주던 회사에서 근무하던 앞날이

창창한 아가씨였다. 하지만 펜팔로 인연이 된 아버지를 만나 결혼을 하게 되면서 일을 그만두었고, 남편을 따라 아무런 연고도 없는 경남 진주로 오게 되었다. 어머니는 당시 월급을 괜찮게 받던 직장인이었고, 아버지는 아직 미래가 불확실한 대학생이었다. 하지만 그 시대의 여성들이 대부분 그러했듯 어머니 역시 자신이 하고 싶은 일보다 남편의 내조를 선택해야만 했다.

공무원 시험을 준비하고 있었던 아버지는 취업이 불확실했다. 엎친 데 덮친 격으로 시부모님은 대학까지 보내 줬으면 내 할 도리 다 했다며 생활비 지원을 끊었다. 남편의 앞날과 가정을 위해 번듯한 직장을 사직했던 어머니는 행복해야 할 신혼 내내 돈 걱정을 하느라 마음고생이 심했다. 결국 생활비를 벌기 위해 밖으로 나가야 했다. 경리 일을 비롯한 다양한 일을 하며 시험을 준비하는 아버지를 내조할 수밖에 없었다.

다행히 아버지는 공무원 시험에 합격했다. 어머니는 결혼 2년 만에 첫 아이를 임신했고, 그로부터 3년 후 둘째를 임신하며 자연스레 육아에 매진하게 되었다. 지금이야 딸을 낳으려고 노력하는 세상이지만 그 당시만 해도 남아선호사상이 강했다. 연속으로 딸을 2명 낳자 시어머니는 다른 며느리들과 비교했고, 어머니는 아들을 낳지 못했다는 자책감과 셋째는 반드시 아들이어야 한다는 압박감에 시달렸다. 결국 아들을 낳기 위해 셋째를 가질 수밖에 없었고, 막내인 남동생이 초등학생이 될 때까지 무려 15년간

세 아이의 육아에 매진했다.

어머니는 한시도 가만히 있지 못하고 무엇이든 해야 직성이 풀리는 성격이다. 아이들을 키우는 옆집, 윗집 엄마들끼리 아파트에 모여 도란도란 수다를 떨다가 아이들 하교시간이나 남편 퇴근시간에 맞춰 저녁을 준비하는 삶에 마냥 행복해할 수 없는 사람이었다. 게다가 공무원 월급은 세 아이를 양육하기에 턱없이 부족했다. 어머니는 아이들이 커서 어떻게든 여유가 생기면 밖에 나가 돈을 벌기를 원했다. 사람 만나는 것을 좋아하고 세일즈에 능통했던 어머니는 남동생이 유치원에 가자마자 할 수 있는 모든 일에 도전했다. 보험 일부터 시작해서 물건을 유통시켜 파는 일, 네트워크 마케팅 회사 일, 건강보조식품 판매 등을 했다. 사업 수완이 좋아 큰돈을 벌었던 시절도 있었다.

가끔 부모님이 싸울 때 아버지는 실속도 없이 밖으로 나다니는 여자라고 어머니를 힐난했다. 어머니는 쥐꼬리만 한 월급쟁이 공무원 주제에 큰소리친다고 아버지에게 화를 내며, 지금까지 가족을 위해 희생한 자신의 인생을 보상하라고 펄펄 뛰었다. 두 분의 성향이 너무 달랐고 시대적인 상황도 고려해야 하지만, 나는 같은 여자이기 때문에 어머니의 편을 조금 더 들어 주고 싶다. 이유가 어찌 되었든 젊은 시절 어머니는 아버지보다 상황이 좋은 직장인이면서도 여자이기 때문에 자신의 삶을 내려놓았다. 아버지는 어머니의 내조와 육아를 전담한 어머니의 희생이 있었기에 5급

사무관으로 승진한 명예로운 오늘을 맞이했다고 본다.

나 역시 매달 꼬박꼬박 월급이 들어오는 안정적인 직장인이었던 시절이 있었다. 보호막이 있던 직장인에서 맨땅에 헤딩하듯 1인 기업가로 홀로서기 해 보았기 때문에 오랜 시간 세상과 단절되었다가 사회로 나온 어머니의 도전이 얼마나 힘들었을지 예상된다. 물론 아이를 키우는 기쁨과 보람은 컸겠지만, 어머니 역시 자신의 주체적인 삶을 살고 싶었을 것이다. 말이 안 통하는 아이와 24시간을 함께하는 엄마들이 얼마나 많은가? 이들 중 산후우울증을 심각하게 겪고 있는 사람들도 많다. 어머니는 3명의 자녀를 키웠기에 그런 위기를 세 번이나 극복한 것이다. 아직 아이를 낳고 키워 보지 않았지만, 세 아이를 낳아 건강하게 키웠다는 것만으로도 어머니가 존경스럽다.

경력이 단절된 여성이 사회에서 할 수 있는 일에는 한계가 있다. 아마 그 사회적인 벽을 뼈저리게 느꼈기에 자신의 일을 가진 여성으로 언제든 복귀할 수 있는 일을 하라고 내게 강조하신 것 같다. 시간이 지날수록 어머니는 아버지에게 경제적으로 당당하고 싶었을 것이다. 자신의 희생으로 가족들이 한 명 한 명 자립할 수 있었기에 인정받고 보상받고 싶은 마음도 컸을 것이다.

어머니의 간절한 바람대로 나는 '간호사'로서 의료인이 되었고, 국가 면허를 가진 전문직 여성이 되었다. 국가 면허가 있기에 어디든지 재취업이 가능하고, 이직 또한 다른 직업에 비해 자유롭다. 하지만 나는 지금 간호사 면허가 필요한 일을 하고 있지 않다. 많은 사람들과 소통하며 그들의 인생을 바꿔 주는 일을 하고 있다. 한 분야에서 특출한 '전문직 여성'을 넘어 세상을 변화시키는 리더인 '여성 CEO'로 나아가고 있다. 나는 어머니의 간절한 바람도 이뤘고, 다행히 평생 하고 싶은 천직도 찾았다.

초등학생이나 중학생 때 어머니가 학교에 오실 때면 수수한 주부 같은 모습보다는 차려입은 옷에 뾰족 구두를 신고 오셨을 때 괜히 더 반가웠다. 나는 어머니가 깃을 세운 코트나 라인이 딱 떨어지는 재킷을 입은 모습이 좋았다. 당당한 어머니의 모습에 덩달아 우쭐했던 기억이 난다.

자신의 일에 열렬히 매진한 사람은 몸은 피곤할지라도 표정 자체가 다르다. 주부일 때의 어머니와 밖에서 일을 하고 돌아온 어머니의 표정은 달랐다. 인생을 주체적으로 나답게 사는 사람은 생기가 있고 긍정적인 에너지가 넘친다. 확실히 어머니는 자신의 일을 하며 수익을 내거나 자신이 성장하는 것이 느껴져야 행복한 사람이었다.

현재 어머니는 지나간 시간들을 보상받듯 자신이 원하는 일에 충실한 하루하루를 보내고 있다. 배우고 싶은 것을 배우고, 취미 생활도 하고, 만나고 싶은 사람들도 자유롭게 만나며 열정 넘치는 인생 2막을 보내고 있다.

나는 이런 어머니의 삶에서 나의 삶을 엿본다. 전문직이 아니고서야 여자가 성공할 수 없었던 시대에 태어났기에 어머니의 인생은 불리한 점이 많았다. 하지만 딸인 나는 미완성된 퍼즐을 맞출 수 있다. 꿈의 파이를 키워 나가는 데 있어서 훨씬 유리하다. 어릴 적 내가 그러했듯이 나 역시 당당하고 멋진 엄마로서 아이들의 자존감과 자신감을 높여 줄 것이다. 계속 배우고 성장하고 도전하며 내 아이에게 꿈을 이뤄 가는 부모의 모습을 시각화해 줄 것이다.

존경하는 사람을 말할 때 부모님을 먼저 언급할 수 있는 아이로 키울 것이다. 아이가 하고 싶은 것이 있을 때 적극적으로 응원해 주고 도와줄 수 있는 강하고 명확한 엄마가 될 것이다. 또한 공부에 얽매이지 않고 자신이 하고 싶은 일을 개척해 나가는 아이가 되게 할 것이다. 자유롭고 독립심이 강한 아이로 키워 끊임없이 도전하는 삶을 살게 할 것이다.

내 드림보드에는 션, 정혜영 부부의 가족사진이 붙여져 있다. 시각화의 힘은 대단하기에 그들처럼 4남매를 낳을까 두렵기도 하지만, 이렇게 서로를 아껴 주고 응원해 주는 꿈 부부, 꿈 가족이 되고 싶다. 또한 션, 정혜영 부부처럼 아이를 낳고서도 연애하듯 설레는 부부가 되고, 건강하게 자기관리를 잘해서 남편이 누구에게든 보여 주고 싶은 아름다운 아내가 되고 싶다.

성공의 5대 요소는 시간, 돈, 자유, 건강, 가족이라고 생각한다. 나는 일과 가족의 균형을 맞춰 나가는 여자이자 아내이자 엄마이고 싶다. 지금 하고 있는 일에서 더 큰 성과를 내고 탄탄한 시스템을 구축해 시간과 돈에서 훨씬 더 자유로워질 것이다. 아무리 바빠도 나를 위해, 내 가족을 위해 건강을 우선순위로 챙길 것이다. 내 행복이 중요하듯 가족의 행복에도 빈틈이 생기지 않도록 자주 신경 쓰고 수시로 들여다볼 것이다. 그리고 훗날 나는 내 아이에게 이렇게 말할 것이다.

"나는 우리 아들, 딸이 엄마처럼 살았으면 좋겠어. 후회 없는 내 인생의 주인공으로."

500억 원대 자산을 가진
사업가로 성공하기

나는 불과 몇 년 전만 하더라도 길을 지나가면서 빌딩이나 건물을 보면 간판에 시선이 갔다. 나에게 필요한 가게나 내가 자주 이용할 만한 시설이 있는지 위주로 보는 것이다. 하지만 요즘은 다르다. 이제 건물을 보면 '이 정도의 높이와 규모면 매매가가 어떻게 될까?', '이 빌딩의 주인은 누구이고 어떤 사람일까?'라는 생각을 한다. 평범한 직장인에서 1인 기업가로 나아가며 세상을 보는 관점이 크게 바뀌었기 때문이다.

한 달에 한 번씩 월급이 꼬박꼬박 들어오던 직장인일 때는 쉬는 날에 오로지 쉴 생각만 했다. 일주일 중 약 5일을 바쁘게 일하기에 2일 정도는 푹 쉬어야 다음 일주일을 준비할 수 있었다. 직장에서 나는 열심히 일하는 수많은 구성원 중 한 명이었다. 매달 똑같은 날짜에 똑같은 월급을 받았다. 직장 밖에서 그 월급으로 직장생활을 유지하고 생활하는 데 필요한 물건을 구매했다. 수입은 큰 변화가 없고, 지출에 의해 경제적인 모든 것이 결정되었다. 나는 노동시간에 따라 돈을 받는 직장인이자 누군가 만들어 놓은 것을 구입해 충실히 이용하는 재화 소비자였다.

나는 이제 안정적인 것이 가장 위험하다는 것을 잘 알고 있다. 안정적이라는 것은 큰 변화가 없다는 것인데, 예기치 못한 변화가 생길 경우 가장 크게 흔들린다. 지진이 수시로 일어나는 일본에 비해 한국은 지진 안전지대라고 생각했다. 하지만 예상치 못한 규모 5.8 강도의 지진으로 전국이 지진의 영향을 받았으며, 경주와 울산 지역은 큰 피해를 입었다. 부랴부랴 일본의 내진 설계를 벤치마킹하자는 움직임이 이어졌고, 지진 안전 대비책을 강구해야 한다는 주장이 빗발쳤다. 이처럼 우리는 사건이 일어나야만 그 사건의 본질과 위험성을 깨닫게 된다.

소 잃고 외양간 고치는 일은 지진 같은 천재지변에만 해당하는 것이 아니다. 개인에게도 마찬가지다. 언제까지나 직장이 안정적일 것이라고 생각하며, 직장생활만 열심히 하는 사람들이 많다. 나 역시 그런 사람이었다. 하지만 인생에서 위기는 예기치 않게 온다. 마치 상상조차 하지 못했던 지진처럼 말이다. 나는 주어진 일만 열심히 하면 그에 맞는 합당한 보상이 주어지리라 생각했다. 착하고 성실하게 사는 것만이 정답이라고 믿었다. 그렇게 가정교육을 받았고, 학교나 사회도 반복적으로 그렇게 학습시켰기 때문이다.

하지만 그런 희망은 인생이 끝까지 순탄할 때만 지켜질 수 있는 '신기루' 같은 것이었다. 끝까지 안정적인 것, 완벽하게 보장된 것은 아예 존재하지 않는다. 이제 나는 우리가 정답이라고 믿었던 고정관념과 관습적으로 내려오는 말들이 지진이 절대 일어날 수 없는 곳에서나 가능한 안전지침이라는 것을 확실히 안다.

엠제이 드마코의 《부의 추월차선》이라는 책이 있다. 이 책을 읽고 나는 많은 충격을 받았다. 책에서 소개하기로, 가난을 만드는 지도로 인생의 한 방을 노리며 순간의 즐거움을 선택하는 '인도'형 사람들이 있다. 평범한 삶을 만드는 지도로 절약하고 저축하며 미래를 위해 현재를 희생하는 '서행차선'형 사람들이 있다. 마지막으로 부자를 만드는 지도로 사업을 하고 시스템을 갖추며 빠르게 부를 얻는 '추월차선'형 사람들이 있다. 추월차선형 사람들은 열심히 일하고 차곡차곡 저축해서 부를 얻는 것이 아니다. 가장 빠른 부자의 길을 개척하는 사람들이다.

나는 지극히 서행차선에 가까운 사람이었다. 전략도 없이 주어진 일을 수동적으로 열심히 했다. 수입에 집중하기보다 지출만 고민하며 절약과 저축만이 정답인 줄 알았다. 기하급수적으로 부를 이룰 수 있다는 원리는 다른 사람의 일이라고 여기며 스스로를 한계 지었다. 사회적인 기준과 남들의 시선, 부모님의 기대, 타인의 고정관념과 편견에 따라 내 인생의 중요한 과업들을 결정해 왔다. 남들이 모두 가는 완만한 길을 당연하게 뒤따른 것이다.

《부의 추월차선》 뒤표지에 이런 문구가 소개되어 있다.

"대기업에 취업했다고, 공무원이 되었다고 당신의 인생이 성공했다고 착각하지 마라. 그래 봤자 일주일에 5일을 노예처럼 일하고, 노예처럼 일하기 위해 2일을 쉰다!"

정말로 그랬다. 나는 5일을 열심히 일했고, 2일을 쉴 수 있는 것만으로도 감사해했다. 한때 연금이 나오는 뒷심 좋은 공무원을 꿈꾸었고, 대기업 수준의 연봉이 나오는 대학병원에 입사했기에 취업 후 우쭐하기도 했다. 하지만 결국 공무원이든 대기업이든 끝은 정해져 있다. 소속된 단체에서나 위치가 유지되고 대우를 받는 것이지 퇴사를 하면 곧바로 다른 사람으로 대체되는 것이 정해진 수순이다.

나는 부나 성공에 관련된 책을 보며 생각이 달라지고 시야가 넓어졌다. 그래서 스스로의 힘을 키워 무기를 갖춘 직장인이 되고 싶었고, 자아실현과 브랜딩을 위해 책을 쓰게 되었다. 책을 쓰게 되면서 급격한 의식변화가 일어나고 내면이 성장한 나는 '다르게 특별하게' 살겠다고 결심했다. 가파르지만 아무도 가지 않는 지름 길을 선택하기로 한 것이다.

나는 안정적인 직장을 내려놓고 1인 기업가로 홀로서기를 시작했다. 지식과 경험을 기반으로 한 지식창업이 지금은 당연한 시대적 흐름이지만 불과 몇 년 전만 해도 생소한 단어였다. 많은 사람들이 내게 무모하다고 말했다. 물론 부모님도 반대했다. 하지만 나는 절대 사람들이 붐비는 인도로 가지 않으리라 마음먹었다. 내 인생의 운전대를 스스로 잡고 차선을 바꾸기로 결심했다.

추월차선 법칙을 고집하며 용기를 내고 행동하자 정말 부를 이루는 추월차선으로 갈 수 있었다. 나는 나만의 콘텐츠를 구축하며 자회사를 설립했다. 그 결과 생존이 위태로웠던 1인 기업가에서 억대 수입의 1인 기업가가 되었다. 많은 직원 중 한 명으로 고용되었던 사람에서 직원을 고용하는 사람이 되었고, 지식과 재화를 소비하는 소비자가 아니라 지식과 가치를 생산하는 생산자가 되었다.

나는 이제 수입을 한계 지으며 지출에 신경 쓰는 사람이 아니라 수입을 기하급수적으로 창출하기 위해 전략을 짜고 행동하는 사람이 되었다. 5일을 일하고 2일을 쉬는 것이 아니라 일과 휴식에 경계선이 없을 정도로 좋아하는 일을 자발적으로 하며 성과를 내고 있다. 직장인에 비해 시간적인 자유가 많기에 경제적인 자유 역시 빠르게 이뤄 가고 있다. 경험과 시행착오가 쌓이면 쌓일수록 나만의 노하우나 내공이 되고, 시스템이라는 지렛대가 갖춰진다.

멈춰 있는 것이 가장 불안하다는 것을 알기에 나는 안주하는 것을 항상 경계한다. 그래서 수시로 정보를 얻고, 역량 강화를 하며 쉼 없이 발전하고자 한다. 먼저 간 경험자, 한 분야의 전문가, 존경할 만한 성공자에게 항상 배움의 자세로 소통하고 조언을 구한다. 강한 정신을 유지하고 굳건한 마인드를 갖추기 위해 의식을 확장시켜 줄 수 있는 책을 꾸준히 읽는다. 매 순간 목표를 향해 더 강렬히 열망하며 나의 잠재력을 계속 끌어올리고 있다.

몇 년 전 첫 드림리스트에 나는 많은 시간을 고민하며 막연하게 '10억 원대 자산가 되기'를 적었다. 적어 놓고도 못 미더워 목표 연도를 5년 뒤에서 10년 뒤로 수정하기도 했다. 하지만 이 목표는 매년 업그레이드되어 '30대에 10억 원대 자산가 되기'가 되었고, 최근에는 '30대에 100억 원대 자산가 되기'로 목표가 상향 조정되었다. 나만의 콘텐츠와 시스템을 갖춰 나가고 있고, 연 매출 또한 매년 놀랍게 상승하고 있다. 최근 기하급수적으로 부를 늘릴 수 있는 부동산 공부도 시작하고 있다. 목표 달성이 충분히 가능하리라는 확신이 든다.

나는 이제 빌딩에 입점되어 있는 가게 간판을 바라보는 사람이 아니라 빌딩 전체를 보는 사람이 되었다. '임마이티 컴퍼니'는 연 매출 100억 원 이상을 내는 강한 기업이 되고, 10년 안에 부동산 가치가 300억 원이 넘는 센터를 설립할 것이다. 나는 500억 원 이상의 자산 가치를 가진 혁신적인 사업가가 되고, 자수성가한 CEO로서 많은 이들의 롤모델이 될 것이다. 더불어 나만 잘되는 것이 아니라 나와 함께하는 사람들이 백만장자가 될 수 있게 하고, 보다 더 많은 사람들이 부를 이루고 주체적인 인생을 살 수 있도록 이끌 것이다.

05

한국 최고의 동기부여가로서
미국에 초청받기

가끔 마음이 힘들거나 동기부여가 필요할 때 내가 가장 먼저 적는 말이 있다. '결국 당신은 이길 것이다.' 이 문구는 나폴레온 힐이 75년간 숨겨 왔던 마지막 유작의 제목이다. 내가 가장 좋아하는 책이기도 한 《결국 당신은 이길 것이다》를 오래전부터 반복해서 읽고 있다. 책에 나오는 문구 하나하나가 큰 깨달음을 주었고, 이 책으로 인해 위기의 시간들을 극복할 수 있었다. 내 프로그램의 필독서로 지정할 만큼 나는 많은 사람들에게 이 책을 추천하고 있다.

어릴 적 나는 친구들의 고민을 들어 주거나 상담해 주는 것이 좋았다. 항상 많은 친구들이 나를 찾아와 대화하기를 원했다. 같은 반 친구에게 이런저런 이야기를 해 준 뒤 그 친구가 눈에 띄게

밝아져 친구의 부모님께 감사인사를 받은 적도 있다. 지금 생각해 보면 나는 그때부터 '동기부여'라는 것을 했던 것 같다.

성인이 되어서 읽은 책 중 가장 많은 비중을 차지하는 것은 자기계발서였다. 나는 다시금 가슴을 뛰게 해 주고, 생각과 행동을 적극적으로 할 수 있게 해 주는 책이 좋았다. 나에게는 자살까지 시도할 정도로 위험천만했던 시기가 있었다. 인간관계에서 많은 상처를 받은 나는 자신을 감추고 자책하며 기계적으로 일만 했다. 그 시기의 나는 움직이는 식물인간이었다. 심장이 뛰고 있지만 가슴이 뛰진 않았고, 사람들의 날카로운 말에 갇혀 아무런 생각을 할 수 없었다.

이런 나를 다시금 가슴 뛰게 하고, 생각대로 살 수 있게 해 준 것은 누군가의 진한 스토리가 담긴 한 권의 책이었다. 시련을 극복해 낸 사람들의 인생이었고, 성공한 사람들의 강렬한 메시지였다. 죽고 싶다는 생각에서 벗어나기 위해 힘을 주는 책을 선별해 3일 만에 한 권씩 닥치는 대로 읽었다. 시간이 지날수록 독서량이 쌓였고, 나 역시 누군가의 인생에 도움을 줄 수 있는 책을 쓰고 싶었다. 할 수 있다고, 살아야 한다고 내게 외쳐 주었던 책처럼 사람을 살릴 수 있을 정도로 영향력이 있는 책을 쓰고 싶었다.

나는 결국 책을 썼고 작가가 되었다. 책을 쓴 뒤 강연을 요청받아 강연가가 되었고, 코치, 컨설턴트로서 현재 많은 이들을 삶을 변화시키고 있다. 지식과 경험을 나누는 메신저로서 선한 영향력을 미칠 수 있는 지금이 행복하다. 내가 좋아하고 가장 잘할 수 있는 '동기부여'로 인생 2막을 시작해 '동기부여가'라는 천직을 얻었다.

미국에는 각 분야의 전문가로 성공할 경우 많은 사람들에게 동기부여를 해 줄 수 있는 기회가 많다. 지식과 경험을 공유할 수 있는 메신저 시스템 또한 잘 갖춰져 있고, 동기부여가가 하나의 당연한 직업처럼 여겨진다. 반면 우리나라는 주로 책을 쓴 저자들 중 명사로 알려진 사람들에 한해서 동기부여가 이루어지고, 지식과 경험을 나누는 메신저 시스템 또한 활발히 형성되어 있지 않다. 미국과 달리 대한민국 정서상 동기부여가 역시 독립적인 직업이 될 수 없는 분위기다. 하지만 보이는 가치인 물건을 파는 시대가 지나고, 보이지 않는 가치인 지식과 경험, 아이디어와 영감을 파는 시대가 도래했기에 우리나라 역시 서서히 메신저 시장이 커질 것이다.

나는 인생을 좀 더 실용적이고 가치 있게 살 수 있도록 해 주는 메신저 학교 설립을 꿈꿔 본다. 현재 초·중·고등학교에서 배우는 수학, 과학, 영어, 국어처럼 성공학도 과목처럼 카테고리를 나눠서 가르치면 어떻게 될까? 삶을 명확하고 현명하게 살아 낼 수 있는 지혜와 경험들을 습득하게 하고, 마인드와 정신을 단단하게 하는 수업을 만드는 것이다.

메신저 학교는 내면과 외면을 다스리고 자아실현을 이끄는 수업으로 구성되어 있다. 마음을 다스리는 '명상 수업'이 있다. 자신의 건강을 지킬 수 있는 '신체 단련 수업'도 있고, 상상력을 키울 수 있는 '상상력 수업'도 있다. 내 감정을 들여다보는 '감정 수업'도 있고, 강한 정신력을 키우는 '멘탈 수업'도 있다. 모든 행동의 근원이자 자신감의 원천이 될 수 있는 '자존감 수업'도 있고, 생각하는 대로 살아갈 수 있게 이끄는 '생각 수업'도 있다. 강점을 강화시키는 '강점 수업'도 있고, 실패를 미리 경험해 보는 '실패 수업'도 있다.

연애를 잘할 수 있게 해 주는 '연애 수업'도 있다. 결혼 준비를 잘할 수 있게 하는 '결혼 수업'도 있으며, 출산이나 태교를 잘할 수 있게 미리 준비하는 '임신, 출산 수업'도 있다. 아이를 잘 키울 수 있게 도와주는 '육아 수업'도 있고, 좋은 부모가 될 수 있게 해 주는 '부모 수업'도 있다. 결혼 수업이 있으니 당연히 '이혼 수업'도 있다. 삶의 과업을 미리 생각해 볼 수 있고, 준비할 수 있는 수업을 진행해 인생을 주체적이고 당당하게 살 수 있게 이끈다.

자신의 몸을 보호할 수 있는 '호신술'은 필수 과목이다. 갑자기 일어나는 사건 사고나 천재지변 같은 상황에 대처할 수 있는 '상황 대처 수업'도 매우 중요하다. 금융지식을 키울 수 있는 '돈 공부'도 할 수 있게 하고, 인생을 살아가면서 꼭 필수적으로 알아야 할 최소한의 '법 공부', '세금 공부'도 미리 한다. 정리를 못하는 사람들을 위한 '정리 수업'도 있다. 사람들이랑 잘 소통할 수 있도록 하는 '소통학 수업'도 있고, 명확하게 의사 표현을 못하거나 거절을 하지 못하는 사람들을 위한 수업도 있다. 내성적인 사람들이 자신을 크게 바꾸지 않으면서도 존재감을 느낄 수 있도록 하는 이색적인 수업도 있다.

성인들은 메신저 시장을 통해 교류한다. 각 분야의 전문가들이 자신들만의 지식, 경험, 노하우, 시행착오, 비법 등을 어필한 뒤 서로 자유롭게 사고팔 수 있다. 시대적 흐름에 따라 지식기반 창업가들이 늘어나고 있다. 아이디어나 재능 공유 마켓이 편의점처럼 생길 것이고, 고유한 콘텐츠를 가맹점 형태로 진행할 수 있게 한 프로그램이나 커뮤니티도 생길 것이다.

나는 가끔 상상한다. 한국을 대표하는 동기부여가로서 미국에 초청을 받는 영광스러운 날을 말이다. 전 세계의 동기부여가이자 메신저들이 미국에 모인다. 주최 측에서 마련해 준 전세기를 타고 이동한다. 미국의 유명한 연예인들이 축하무대를 열어 주고 있다. 그곳에 《메신저가 되라》를 쓴 브렌든 버처드도 있어 서로 반갑게 악수를 한다. 한국의 예능 프로그램인 〈힐링캠프〉에도 출연한 적 있는 영성 메신저 닉 부이치치의 해맑은 미소에도 화답한다. 오프라 윈프리는 나이에 비해 젊어 보이고 실물이 훨씬 예쁘다. 고졸 빌딩 청소부에서 미국 최고의 변화심리학의 대가로 자리 잡은 앤

서니 라빈스도 보인다.

이 상상은 현실이 될 것이다. 나는 한국을 대표하는 동기부여가이자 세계적으로 유명한 메신저가 될 것이다. 한국의 메신저들을 알리는 데 앞장설 것이며, 대한민국의 나폴레온 힐이라 불리며 후세에 길이 기억되는 사상가가 될 것이다. 나폴레온 힐처럼 100년이 지나도 많은 사람들이 찾는 걸작 같은 유작을 남길 것이다.

나폴레온 힐의 마지막 유작인 《결국 당신은 이길 것이다》가 70년 넘게 넘게 숨겨져 왔던 것은 기존의 시스템이 무너지고 사람들의 공통된 관념이 흔들릴 정도로 강렬한 메시지를 담고 있기 때문이다. 아마 많은 사람들을 깨우치는 사상가이자 동기부여가로 나아가는 과정에서 많은 이들의 비난을 받으며 힘든 일을 겪게 되리라 예상한다. 외롭고 두려울 수도 있겠지만, 나는 운명처럼 이 과정을 받아들일 것이다. 시련의 크기만큼 크고 단단한 사람이 될 것이다.

버킷리스트 10

초판 1쇄 인쇄 2017년 1월 19일
초판 1쇄 발행 2017년 1월 26일

지 은 이 김태광 송용섭 전민경 조안 양
          어혜란 정수진 김현아 포민정 임원화
펴 낸 이 권동희
펴 낸 곳 시너지북
기   획 김태광
책임편집 김진주
디 자 인 이보희
교정교열 우정민
마 케 팅 김응규 허동욱

출판등록 제312-2012-000040호
주   소 경기도 성남시 분당구 수내동 16-5 오너스타워 407호
전   화 070-4024-7286
이 메 일 synergybook@naver.com
홈페이지 www.wbooks.co.kr

시너지북은 독자 여러분의 책에 관한 아이디어와 원고 투고를 설레는
마음으로 기다리고 있습니다. 책으로 엮기를 원하는 아이디어가 있으신 분은
이메일 synergybook@naver.com으로 간단한 개요와 취지, 연락처
등을 보내주세요. 망설이지 말고 문을 두드리세요. 꿈이 이루어집니다.

시너지북은 위닝북스의 브랜드입니다.